数字经济下的经济管理
措施分析

杨 平 著

吉林科学技术出版社

图书在版编目（CIP）数据

数字经济下的经济管理措施分析 / 杨平著 . -- 长春：
吉林科学技术出版社 , 2024. 6. -- ISBN 978-7-5744
-1525-6

Ⅰ . F491

中国国家版本馆 CIP 数据核字第 20247B96S3 号

数字经济下的经济管理措施分析

著	杨 平
出 版 人	宛 霞
责任编辑	潘竞翔
封面设计	周书意
制 版	周书意
幅面尺寸	185mm × 260mm
开 本	16
字 数	140 千字
印 张	8.25
印 数	1~1500 册
版 次	2024年6月第1版
印 次	2024年12月第1次印刷

出 版	吉林科学技术出版社
发 行	吉林科学技术出版社
地 址	长春市福祉大路5788 号出版大厦A 座
邮 编	130118
发行部电话/传真	0431-81629529 81629530 81629531
	81629532 81629533 81629534
储运部电话	0431-86059116
编辑部电话	0431-81629510
印 刷	三河市嵩川印刷有限公司

书 号	ISBN 978-7-5744-1525-6
定 价	49.00元

前　言

　　随着科技的飞速发展，数字经济已经成为全球经济发展的重要驱动力。数字经济以其独特的优势，如高效、便捷、全球化等，正在改变着我们的生活方式和工作模式。然而，随着数字经济的快速发展，也带来了一系列新的挑战和问题，其中就包括如何有效地进行经济管理。

　　数字经济改变了传统的经济活动模式，使经济活动更加便捷、高效。例如，电子商务、在线支付、大数据分析等新模式，极大地提高了经济活动的效率和便利性。数字经济使得经济数据的获取和处理变得更加便捷和高效。大数据技术的应用，使得经济数据的分析和预测更加准确和及时，为经济管理提供了更多的决策依据。数字经济的发展对传统的经济管理理念和方法提出了挑战。传统的以物质为基础的经济管理模式，在数字经济的背景下，需要更多的数字化、智能化和网络化的管理方式。

　　经济管理通过制定合理的政策、法规和标准，为数字经济的发展提供良好的环境，促进数字经济的健康发展。经济管理需要在数字经济的公平性和效率性之间寻找平衡，以防止市场失灵现象的发生，从而维护市场的公平竞争。经济管理可以通过提供适当的政策支持，激发企业的创新活力，提高数字经济的创新能力。经济管理需要关注数字经济的可持续发展，通过制定可持续发展的政策，促进数字经济的绿色、低碳、环保发展。

　　数字经济给经济管理带来了深远的影响，同时对经济管理提出了新的挑战。因此，我们需要制定和实施相应的经济管理措施，以适应数字经济的发展，促进数字经济的健康发展。同时，我们也需要认识到，数字经济的发展是一个长期的过程，需要我们持续关注和努力。只有通过不断的创新和改革，我们才能更好地应对数字经济带来的挑战，实现数字经济的可持续发展。

　　有效的经济管理措施是推动数字经济健康发展的重要保障。未来，我们需要继续深入研究数字经济下的经济管理问题，以应对不断变化的市场环

境，促进经济可持续发展。因此，本书将重点分析数字经济下的经济管理措施，以期为相关决策者提供有价值的参考。

　　本书围绕"数字经济下的经济管理措施"这一主题，由浅入深地阐述了数字经济在全球范围内的快速发展和数字经济给经济管理带来的挑战和机遇，以及经济管理在数字经济中的重要性，系统地论述了数字经济下的经济管理措施的分类，包括人才培养、创新驱动、风险防范、监管体系，探究了数字经济下经济管理措施的实施，以期为读者理解与践行数字经济下的经济管理措施提供有价值的参考和借鉴。本书内容翔实、条理清晰、逻辑合理，在写作的过程中，注重理论与实践的有机结合，适用于经济管理研究者以及从事经济管理的专业人员。

目 录

第一章
数字经济与经济管理综述

第一节　数字经济在全球范围内的快速发展

随着科技的进步和全球化的加速，数字经济在全球范围内的发展势头强劲，正在以前所未有的速度改变着我们的生活方式和工作模式。

一、数字经济概述

(一) 数字经济的定义

数字经济是以数字化为核心、以数据为关键生产要素，通过互联网和物联网等技术进行传输和储存的经济活动。在新的经济体系中，数据的产生、传输、处理和利用成为推动经济活动的重要动力。

(二) 数字经济涵盖的范围

1. 电子商务

电子商务是数字经济的重要组成部分，它涵盖了所有通过互联网进行的商业活动，包括在线购物、在线销售、在线支付等。电子商务不仅改变了传统的商业模式，而且推动了物流、支付、技术等行业的数字化发展。

2. 社交网络

社交网络是数字经济的另一重要领域，它通过互联网将人们连接起来，形成一个庞大的社交网络。社交网络不仅改变了人们的社交方式，而且提供了新的商业模式，如广告、游戏、虚拟货币等。

3. 数字技术驱动

在数字经济中，数字技术扮演了关键的角色。数字技术包括人工智能、

大数据分析、云计算、区块链等，它们为数字经济提供了强大的动力。这些技术不仅改变了我们处理数据的方式，而且推动了各行各业的数字化转型。

(三) 数字经济的特点

随着科技的飞速发展，数字经济正以前所未有的速度改变着我们的生活。它以其独特的特点，如高效率、低成本、全球化、个性化和创新性，正在塑造一个全新的经济格局。

1. 高效率

在数字世界中，信息流动的速度极快，大大提高了生产力和效率。无论是企业内部的信息管理，还是全球市场的交易，数字化都使得这些过程更加精准、快速。这不仅降低了交易成本，还提高了企业的运营效率，为消费者和企业带来了实质性的利益。

2. 低成本

随着互联网和大数据技术的发展，信息的获取和存储成本大大降低。同时，云计算和人工智能的应用极大地降低了计算成本。这些变化使得企业可以更灵活、更高效地运营，从而降低了经营成本。

3. 全球化

互联网的普及和数字技术的广泛应用，使得全球经济日益一体化。无论是商品流通还是信息交流，都变得更加便捷。数字经济的全球化特征，使得企业可以更快速地拓展市场，获取更大的商业机会。

4. 个性化

在数字时代，消费者不再是被动的接受者，而是参与者和决策者。企业可以根据消费者的需求和行为，提供个性化的产品和服务，以满足消费者的个性化需求。这种个性化趋势，不仅提高了消费者的满意度，而且为企业提供了新的商业机会。

5. 创新性

在数字经济中，创新不再是少数企业的专利，而是所有企业和个人的共同追求。数字技术为创新提供了无限可能，无论是新的商业模式，还是新的产品和服务，在数字经济的推动下不断涌现。

总的来说，数字经济以其高效率、低成本、全球化、个性化和创新性的特点，正在改变着我们的生活方式和工作模式。数字经济不仅带来了巨大的商业机会，而且推动了社会的进步和发展。面对数字经济的大潮，我们应积极拥抱变化、把握机遇，共同创造一个更加美好的未来。

(四) 数字经济的核心内容

随着科技的飞速发展，数字经济已成为全球经济增长的新引擎。其核心内容包括数据价值化、数字产业化、产业数字化、数字化治理和数字化基础设施。

1. 数据价值化

数据是数字经济的基石，其价值化是数字经济的关键环节。数据价值化包括数据的收集、存储、处理、分析和应用等环节，通过技术手段挖掘数据的潜在价值，为各行各业提供数据驱动的决策支持。

2. 数字产业化

数字产业化主要指以信息技术为支撑的产业集群，包括互联网、大数据、人工智能、云计算等新兴产业。这些产业的发展，不仅推动了经济的增长，而且带动了其他产业的数字化转型。

3. 产业数字化

产业数字化是指传统产业通过引入信息技术，实现生产过程的高度数字化。这包括生产过程的数字化、数据驱动的决策、智能制造等。产业数字化是数字经济发展的主要驱动力，也是实现经济高质量发展的关键。

4. 数字化治理

数字化治理是数字经济健康发展的保障。数字化治理包括数据安全、隐私保护、网络犯罪、数字鸿沟等问题的解决。只有通过建立健全的法规制度，加强监管，提高公众的数字素养，才能确保数字经济的健康发展。

5. 数字化基础设施

数字化基础设施是数字经济的基石，包括网络设施、云计算、大数据中心等。这些基础设施为数字经济的发展提供了必要的支撑，也是数字经济发展的关键因素。

（五）发展数字经济的意义

1. 数字经济：经济增长的主要动力源泉

首先，数字经济的出现和发展，极大地提高了生产效率，降低了交易成本，为经济增长提供了强大的动力。数字技术的广泛应用，如大数据、人工智能、云计算等，使得企业能够更精准地把握市场需求，优化生产流程，提高产品质量，从而提升经济效益。同时，数字经济也带动了新兴产业的发展，如电子商务、互联网金融、数字娱乐等，这些新兴产业的发展为经济增长注入了新的活力。

其次，数字经济正在改变传统的商业模式，创新出许多新的商业机会。例如，互联网平台经济以其独特的优势，打破了地域限制，实现了资源的优化配置。此外，数字经济的发展推动了创新型企业的涌现，这些企业以技术创新为驱动，不断推动着产业升级和转型。

2. 提高经济发展的质量

数字经济的发展不仅推动了经济增长，还提高了经济发展的质量。首先，数字经济的发展推动了绿色经济的发展，通过技术创新和环保政策的实施，实现了经济发展和环境保护的共赢。其次，数字经济的发展推动了社会公平和包容性的提升。数字技术使得更多的人能够参与到经济活动中来，打破了地域和阶层的限制，使得经济发展成果能够更广泛地惠及大众。

3. 改变经济社会的发展逻辑

数字经济是利用数字技术进行经济活动的经济体。它以数据作为关键生产要素、以网络作为重要载体、以信息作为重要资源，推动了经济社会的数字化转型。这种转型不仅是技术的变革，更是生产方式、生活方式和社会治理方式的深刻变革。

首先，数字经济的发展改变了经济结构。传统经济以物质生产为主，而数字经济则是以信息生产和服务为主。这种转变使得经济结构更加优化，也使得经济发展更加可持续。

其次，数字经济的发展推动了产业升级。传统产业需要升级改造以适应新的经济环境，而数字技术则为产业升级提供了强大的支持。通过数字化转型，企业可以降低成本、提高效率、提升竞争力。

最后，数字经济对全球治理体系提出了新的挑战。在数字经济的时代，如何确保数据安全、如何保护个人隐私，以及如何建立公平的数字市场规则等，都是亟待解决的问题。这些问题不仅关系数字经济的安全和稳定，而且关系全球经济社会的和谐发展。

4.促进创新创业和增进人民福祉

数字经济的发展为创新创业提供了新的平台和机会。一方面，数字经济的发展催生了大量的新业态和新模式，如电子商务、在线教育、远程医疗等，这些新业态和新模式为创业者提供了广阔的空间。另一方面，数字经济的发展带动了就业增长，创造了大量的就业机会。

同时，数字经济的发展提高了人民的生活质量。数字技术为人们提供了更加便捷、高效的服务，如在线购物、在线医疗、在线教育等，这些都极大地丰富了人们的生活，提高了人民的生活质量。此外，数字经济的发展也带动了基础设施的改善，如网络覆盖、网络安全等，都为人们的生活提供了更好的保障。

发展数字经济对于经济社会的发展具有重要意义。它改变了经济社会的整体发展逻辑，推动了产业升级，为创新创业提供了新的平台和机会，同时提高了人民的生活质量。我们应该积极推动数字经济的发展，以实现经济社会的持续繁荣和人民福祉的不断提升。

总的来说，数字经济是经济增长的主要动力源泉，也是提高经济发展质量的关键。面对数字经济的快速发展，我们需要进一步优化政策环境，加强人才培养，以推动数字经济的健康发展。只有这样，我们才能充分利用数字经济的优势，实现经济可持续发展。

二、数字经济对全球经济的影响

当今世界，数字经济正在以前所未有的速度和规模改变着全球经济。它不仅创造了大量的就业机会、改变了企业间的交易方式、降低了成本，而且促进了全球化的进程，使企业能够方便地进入新市场。

(一) 创造了大量的就业机会

数字经济正在创造前所未有的就业机会。在过去的十年中，随着大数

据、人工智能、云计算等技术的发展，许多传统行业正在被重塑，这不仅带来了新的商业机会，也创造了新的工作岗位。比如，数据分析师、数据科学家、网络安全专家等新的职业正在成为热门选择。此外，许多传统的服务业如物流、金融、教育等，也正在被数字化，这也创造了大量的就业机会。

（二）改变了企业间的交易方式，降低了成本

数字经济改变了企业间的交易方式，使交易成本大大降低。在传统的交易模式中，企业需要花费大量的时间和金钱来进行交易前的调研、谈判、签订合同等过程。在数字经济的环境中，企业可以通过在线平台进行交易，无须面对面交流，节省了大量的时间和精力。此外，数字技术使得企业能够更有效地管理供应链和物流，进一步降低了交易成本。

（三）促进了全球化的进程，使企业能够方便地进入新市场

数字经济对全球化的进程起到了积极的推动作用。通过互联网和移动网络，企业可以轻松地进入新的市场，无须花费大量的时间和精力来建立市场地位。数字技术使得企业能够快速获取和掌握全球市场信息，帮助企业作出更明智的决策。此外，数字平台为中小企业提供了更广阔的商业机会，使他们能够更容易地接触到全球市场。

总的来说，数字经济对全球经济的影响是深远的。数字经济不仅创造了大量的就业机会、改变了企业间的交易方式、降低了成本，而且促进了全球化的进程，使企业能够方便地进入新市场。然而，我们必须意识到，数字经济的发展也带来了一些挑战，如数据安全、隐私保护等问题。因此，我们需要继续探索和创新，以应对这些挑战，同时要充分利用数字经济的优势，推动全球经济向更高水平发展。

（四）数字经济成为影响世界经济发展的关键变量

数字经济的兴起和发展，主要依托三大技术进步。一是计算技术，涉及数据的处理、计算和存储，包括集成电路（芯片）技术和计算机技术；二是通信技术，涉及数据的发送、传输和接收，以及与此相关的通信网络，互联网就是典型的数字经济形式；三是大数据技术，包括信息数字化和海量数

据处理技术，如把物质形态的唱片音乐信息转换成可用计算机处理的虚拟数字音乐。这三大技术决定了数字技术的水平和能量，也基本左右了数字经济的发展方向和层次。

从科技进步的视角来看，数字经济不是突然出现的，而是数字技术不断发展和进步的产物。一般认为，数字技术理论基础的奠定是从美国著名数学家香农于1948年建立的信息论开始的，这种理论实现了用二进制数字的0和1以及这两个数字的各种组合来测量、计算和传递信息。1958年发明的集成电路则标志着计算技术向前迈进了一大步，时至今日大放异彩的算力革命便是凭借越来越先进的集成电路技术发展而来的。集成电路技术离不开晶体管的发明，因为越先进的集成电路，其所集成的晶体管越多，功能也越强大。晶体管与信息论基本同时出现。因此，数字经济的技术起源可以追溯至六七十年前，但数字经济的大发展则是最近二十多年的事情，这与互联网的兴起和普及有密切关系。充分了解数字经济兴起与发展的技术渊源，有助于准确把握数字经济的发展脉络和趋势。

数字经济目前已是许多国家发展最快的部门，数据一定程度上已超过资本和劳动，成为促进经济增长最有力的生产要素。①根据中国信息通信研究院发布的《全球数字经济白皮书（2022年）》，2021年全球47个主要经济体的数字经济规模达到38.1万亿美元，比2020年增加15.5%，美国的数字经济规模达到15.3万亿美元，居世界第一位，中国和德国分别居第二位和第三位，规模达到7.1万亿美元和2.9万亿美元。②由于衡量标准和统计口径不一，不同国家、不同机构所统计的数字经济指标有差异，但数字经济的增长快于经济总量的增长是一个不争的事实。联合国贸易和发展会议2019年的报告显示，全球按宽口径衡量的数字经济增加值已占GDP的15.5%，在美国，这个数字占到21.6%；在中国则更高，已占到30%。全球数字化交付服务额（可通俗地理解为数字贸易额）从2005年的1.2万亿美元增长到2019年的2.9万亿美元，年均增速为7%，远超同期国际货物贸易和服务贸易的年均增速。③自2008年全球金融危机后，世界经济整体暗淡，勉强保持低速增长，很大程度上还是依靠数字经济的支撑。足见，数字经济已成为世界经济的主要增长动能。

数字技术和数字经济的快速发展，极大地改变了从要素结构到产业结

构再到市场结构的整个世界经济，数据开始成为和资本、劳动一样重要的生产要素，独立的数据价值链基本形成，整个经济活动越来越数字化。以前，全球价值链主要是围绕具体的物质产品而构建，主体是制造品的价值链，虽然也有服务的全球价值链，但比较简单，基本依附在制造品的价值链上。随着数字经济的不断发展，独立的数字交付和数字服务的价值链逐渐形成，其内容也越来越丰富。在数字技术进步的带动下，数字跨境流动成为大量而普遍的现象，构成了数字产品或数字服务的全球价值链。在这种价值链中，数字产品是主体，是价值形成的主角，不再是从属的配角。数据不再是用来测度的一个量、一个依附于物质的配角，而是作为重要的生产要素，是财富形成的主体，这是革命性的变化，更是一个新时代的标志。

数字技术的应用无处不在，二三十年来数字经济呈现井喷式发展。能否跟上数字经济的快速发展，成为参与国际经济竞争的关键因素，也逐渐成为一些国家和地区在全球经济格局中所处地位变化的重要决定性力量。美国作为数字技术或信息技术创新的重要策源地，通过控制一些关键核心技术和关键产业，在数字经济领域始终处于优势地位。日本、韩国、新加坡等在过去几十年重点发展微电子和半导体产业，致力于跟进数字技术的前沿，当数字经济机遇来临时，这些国家也在一些领域建立了自己的优势地位：日本在半导体产业的一些细分领域具有优势，韩国在芯片制造和智能手机等数字产品生产方面具有优势，新加坡则在网络基础设施、国际数据中心等方面具有优势。中国的数字经济起步较晚，但发展十分迅速，目前数字经济规模已居世界第二位，并在电子商务、5G 移动通信等领域形成一定的竞争优势。相比较而言，欧洲的数字经济发展相对落后，包括欧盟在内，整个欧洲的数字经济在世界上的地位低于其经济地位。

三、世界数字经济的发展格局与基本趋势

世界百年未有之大变局正加速演进，科技革命与产业变革成为这场百年变局的重要推动力量。在世界变幻大潮中，数字经济的兴起与繁荣不仅是一个重要特征，还是当代世界经济发展的关键变量。深刻认识数字技术与数字经济在世界经济大环境中所起到的作用、准确把握全球数字经济发展的基本趋势，对于探索世界经济发展规律以及应对世界百年未有之大变局具有重

要意义。

（一）当前世界数字经济发展格局的主要特征

数字经济的快速崛起，带动了信息产业、通信产业、互联网产业以及各种基于数字技术的新产业的大发展，涌现出大量的商业新场景、新业态、新模式，很大程度上改变了世界经济结构。世界数字经济的总体发展格局是，数字技术决定了数字经济发展的水平和规模，数字经济渗透率不断提升，越来越多的产业受到数字经济发展的影响，参与数字经济发展的国家和地区形成不同方阵，彼此竞争激烈，但数字经济治理相对滞后。

数字技术的进步对于数字经济的发展起着决定性作用，成为决定数字经济发展水平和规模的密钥所在。算力、算法、数据构成数字经济的三大核心要素，这三大要素归根结底取决于计算技术、电子信息技术、通信技术、大数据技术的发展水平和创新能力。发展数字经济，首先要在底层技术上构筑起雄厚的基础，形成支撑数字经济的硬实力。例如，数字经济离不开对数据的处理、计算和存储，这就需要有先进的芯片承担逻辑管理和高速运算的功能，或是把大量的数据存储起来，这一切取决于半导体技术水平和半导体产业的发展。没有尖端半导体技术和强大的半导体产业，数字经济的发展就必然有局限性。同理，通信技术水平和相关基础设施建设也决定了数字经济的发展水平。世界数字技术发展的新动向和重大创新，必将在技术方向和产业结构上深刻影响数字经济的发展。

数字经济在不同阶段具有不同的发展热点。从20世纪90年代中期到现在，数字经济大致经历了三个发展阶段，每一个阶段都有标志性的发展热点。第一阶段是从1993年美国开始建设"信息高速公路"到2007年苹果公司推出智能手机，前后大约15年。这一阶段数字经济的热点是电子商务、电子书、电子报刊、企业流程再造，美国的亚马逊公司和中国的阿里巴巴公司就是在这一时期创立并逐渐形成世界影响力的。第二阶段是从2008年3G智能手机出现到2019年5G通信时代启幕，前后约12年。这一阶段数字经济的热点是网络音乐、网约车、智能手机、3D打印等，"移动互联"和大众参与是热点的典型特征。有了智能手机和3G、4G通信，人们成为数字经济的消费者（用手机下单）和生产者（发布个人媒体内容）。第三阶段是从2020

年开始到现在，以 5G 通信正式普及为标志。这一阶段数字经济的典型特征为"万物相联"，热点是人工智能、云计算、区块链、新一代工业互联网等。目前，正在流行的生成式对话机器人 ChatGPT 就是人工智能发展的重要标志，一定程度上预示着数字经济发展的未来方向。在万物互联的时代，物联网将会形成更大的产业规模，并将创造高达 19 万亿美元的市场价值，而现在全世界的 GDP 总额不过 100 多万亿美元。另外，元宇宙、量子计算、量子通信等新一代热点也正在逐渐形成。

许多经济体兴起数字经济热潮，发展上处在不同方阵，竞争态势日趋加剧。随着数字经济成为全球性经济热点，包括广大发展中国家在内的越来越多的国家参与到数字经济的浪潮之中。这与许多国际机构倡导发展数字经济有很大关系，联合国、世界银行都分别设有促进发展中国家和不发达国家发展数字经济的专门项目。不过，数字经济在全球发展很不平衡，各经济体之间形成了水平和规模不一的方阵。总体来看，美国、中国和欧盟处在第一方阵，这是从技术和规模两个维度综合而论的。美国拥有数字领域主要的关键核心技术，位于数字经济的发展前沿。中国数字经济规模巨大，在部分领域具有一定先发优势或比较优势，拥有无限的发展潜力。欧盟在数字经济方面虽然有所落伍，但经济基础发达，发展数字经济的资源十分丰富，数字经济体量也很大，所以欧盟作为整体仍可算作第一方阵。从单个国家来说，日本、韩国、新加坡、德国、荷兰等处在第二方阵，这些国家在数字经济的某些领域具有相当优势，甚至处在世界领先位置，如韩国在存储芯片领域、德国在智能制造领域、荷兰在高端光刻机领域等皆处于世界领先水平。其他发达国家和部分发展中国家处在第三方阵，基本上是跟随世界数字经济的潮流。大部分发展中国家处于第四方阵，数字经济刚刚起步、基础薄弱。还有一些落后的国家不属于任何方阵，仍远离数字经济。与此同时，各个方阵之间，尤其是各个方阵内部，围绕数字经济而展开的竞争十分激烈。例如，欧盟在数字经济领域虽然相对落伍，却制定了一系列颇有雄心的发展规划，目标十分宏大，包括到 2030 年半导体产业增加值要占到全球 20%，而现在欧盟的这个指标只有 10%。

数字经济发展鸿沟加剧了世界发展不平衡，全球数字经济治理相对滞后。一方面，数字经济在部分国家繁荣发展，人工智能软件和高速网络随时可用，给人们的学习、生活与工作带来了巨大便利；另一方面，在一些落后国家和地区，民众尚未广泛享受到数字经济带来的福利。据世界银行的评估，目前世界上还有20亿人口不具备上网条件，教育、就业、生活等状况基本处于数字经济兴起前的经济形态。世界发展本来就不平衡，数字经济发展上的差异又加剧了这种不平衡。数字经济的全球治理相对滞后，实现良性治理仍缺乏有效机制。除了发展不平衡这一问题亟待加强治理外，有关数字经济的标准、规则、规制等问题也是治理的重点，在这些问题上，国际缺乏合作、全球性协调机制尚未建立起来。在数据产权、数字市场、数字贸易、数字税等焦点问题上，基础性制度建设起色不大，各个经济体之间矛盾不少、纠纷不断。少数国家凭借自身实力优势，强行推行霸权主张和做法，更加不利于数字经济全球治理的制度建设。

(二) 全球范围内的数字经济热点

1. 电子商务

电子商务是数字经济中较热门的领域之一。随着互联网的普及，越来越多的人选择在线购物，这使得电子商务市场迅速扩大。电子商务平台 (如阿里巴巴、京东等) 已经成为人们购物的主要渠道。此外，许多传统零售商也纷纷转型，开设自己的电子商务平台，以适应市场需求。电子商务的发展不仅改变了人们的购物习惯，而且带动了物流、支付等相关行业的发展。

2. 人工智能

人工智能是当前较热门的科技领域之一，也是全球范围内的数字经济热点之一。人工智能技术包括机器学习、深度学习、自然语言处理等，已经被广泛应用于自动驾驶、医疗保健、金融服务、制造业等领域。人工智能技术的发展不仅提高了生产效率，而且为企业提供了更多的商业机会。人工智能技术的快速发展和应用，也推动了相关产业的发展，如云计算、大数据、传感器等。

3. 机器学习

机器学习是人工智能领域的一个重要分支，它是指让计算机通过数据和算法自动学习，以作出更好的决策和预测。机器学习的应用场景非常广泛，如医疗诊断、网络安全、推荐系统等。随着数据量的不断增加和算法的

不断优化，机器学习的应用前景十分广阔。

4.区块链技术

区块链技术是近年来较热门的数字经济领域之一。区块链技术是一种去中心化的分布式数据库，它可以保证数据的安全性和可靠性。区块链技术的应用场景非常广泛，如数字货币、供应链管理、物联网等。随着区块链技术的不断发展，它将会在更多的领域得到应用，如医疗保健、教育、金融服务等。

总的来说，全球范围内的数字经济热点包括电子商务、人工智能、机器学习和区块链技术等。这些领域的发展不仅改变了人们的生活方式，还为企业提供了更多的商业机会。未来，随着技术的不断进步和应用场景的不断拓展，数字经济将会继续保持高速发展。

（三）数字经济赋能全球新发展格局的路径

梅森伯格（Mesenbourg）在整体上概括归纳了数字经济的识别特征，主要涉及三个方面。一是通信网络等能够为数字化基础设施的建设提供所需的底层支撑；二是电子商务可以凭借互联网平台来确保各项工作和业务的有序开展，可实现信息的数字化管理和应用；三是数字化信息的传递和商品的传输共同构成了电子商务这一新的形态。总而言之，数字经济的特点可归纳为成本低、泛在化及渗透性强[1]。数字经济的出现消除了时间和空间对传统交易模式的桎梏，使得交易过程变得更加灵活。数字经济与生俱来的特性能够帮助我们快速适应我国新发展格局形成以后带来的挑战，进而依托数字经济来激发经济活力，为国内经济的快速稳定发展开辟新的道路，逐渐与国际接轨，加快我国经济的国际化[2]。

1.数字经济可促进全球价值链的优化与升级，进而不断提高整体的贸易效率

数字经济可促进全球价值链的优化与升级，通过数字产品和服务的开发与提供在全球价值链中扮演至关重要的角色、发挥不可替代的关键作用。

---

① 徐梦周，吕铁.赋能数字经济发展的数字政府建设：内在逻辑与创新路径[J].学习与探索，2020(3)：78-85+175.
② 戴智.数字经济赋能新发展格局的内在机理[J].商展经济，2024(4)：15-18.

全球价值创造目前对科技的依赖性不断加强①，这也是世界经济发展的必然结果。随着数字经济的出现，其依托先进的互联网技术和平台，展现出产品功能的多样性，对全球价值链产生了深刻的影响。

数字贸易的兴起与发展在一定程度上影响着全球价值链，可从两个方面来论述。一方面，从生产环节的角度来讲，生产数字化目前在企业的产品生产过程中已然得到了广泛的应用，这也促使传统制造业和服务业在当前发展阶段朝着数字化的方向快速转化，智能化产品和服务基本实现对传统生产模式的替代。另一方面，从产品端的角度来讲，数字化产品和智能化产品目前逐渐完成了对各行业领域和人们日常生活的渗透，改变了原有的生产模式和人们的生活方式。在当前发展背景下，数字产品价值链对传统产品价值链的替代是大势所趋，是经济社会发展到一定程度后的必然结果。例如，3D打印技术的出现反映出数字经济的发展现状，其依托数字模型的建立和专用软件的开发与应用，为消费者提供所需的产品和服务。这一全新的数字化生产模式给传统的制造业生产模式带来了巨大的冲击，也使得传统价值链发生了翻天覆地的变化。由此一来，数字技术必然会实现对传统制造业生产模式的替代，从而成为加快经济社会发展的"新路子"。数字技术的应用有助于整合和协调复杂的供应链，是提高整体贸易效率的有效途径，还能有效缩短全球价值链的长度②，在控制交易成本的基础上不断提高综合交易的效率。

2. 数字经济有助于产业结构的优化与调整，是消除贸易壁垒的必经之路

目前，我国正式进入了产业结构优化与调整的重要阶段，着重支持和发展技术密集型产业被认为是现阶段实现我国经济高质量发展的关键任务。随着数字经济的出现，产业结构的优化与升级变得更加容易，也更加高效。我国的人口基数在世界名列前茅，拥有庞大的经济体量。数字技术是当前时代背景下的新兴产业，在发展规模和资源储备方面占有优势，能够在一定程度上缓解我国在国际贸易方面长期以来面临的压力，有助于消除贸易壁垒③。从以往的国际贸易来讲，在时间和空间的制约下，很难做到供需市场

---

① 方英. 数字贸易成为全球价值链调整的重要动力 [J]. 人民论坛，2021(1)：53-55.
② 徐金海，夏杰长. 全球价值链视角的数字贸易发展：战略定位与中国路径 [J]. 改革，2020(5)：58-67.
③ 李陈华，武昱含. 数字经济对降低国际贸易壁垒的效用分析 [J]. 经济论坛，2021(5)：82-87.

的快速匹配，且在贸易过程中暴露了诸多问题，如成本高、消耗大、效率低以及信息不对称等。随着数字经济时代的到来，信息通信技术的普及和应用在一定程度上缩短了沟通的时间，消除了因地理距离而导致的贸易壁垒，对于数字经济相关衍生业态的长效稳定发展有积极的影响和作用。

3. 数字经济可积极影响生产的精细化，满足有效供给的发展需求

由于数字技术有着泛在化的属性和特征，因此其能够快速完成对企业生产和人们日常生活的渗透。大数据技术的开发和应用，能够让企业准确把握市场的发展动态，并预测消费者的偏好和需求，达到精准定位和高效服务的目的，是实现有效化供给的捷径之一。大数据等技术的应用，可以简化产品研发、设计与生产的流程，从而降低成本，为客户提供差异化的产品和服务，使其逐步与国际接轨。产业结构的数字化改造，有助于催生新的产业模式和新的业态，切实满足消费者的个性化需求。

4. 数字经济可加快需求侧的改革，激活强大的生产动力

内需指的是消费需求和投资需求两个组成部分。从消费需求的角度来讲，数字技术的应用能够满足居民各种各样的产品和服务需求，利用大数据技术来分析消费者的爱好和兴趣，从而挖掘潜在的目标客户和潜在的服务需求。数字经济的出现强烈刺激了我国消费者的消费需求，促使消费者的消费需求趋于多元化，加快了经济内循环的流动和运行。从投资需求的角度来讲，数字经济的出现对内生性投资需求产生了积极的影响，从而为经济内循环赋能，激活强大的生产动力。企业可通过引入先进的数字技术来扩大经营规模、开辟新的消费需求市场，给实体经济与数字经济的深度融合带来显著的影响，创造新的经济增长点，为中小企业的经营和发展赋能，以有效拉动内需。

(四) 世界数字经济发展的基本趋势

第一，科技创新继续推动数字经济朝纵深方向发展，大量数字新产品将不断问世，算力更强、算法更先进、数据更加海量的数字经济新模式也将大量涌现。科技创新是无止境的，推动数字经济发展的各种技术创新不仅不会中断，反而会继续加快。与算力相关的"摩尔定律"提示，在生产成本不变的情况下，芯片功能每隔两年左右升级一代。尽管很多人早就预言"摩尔

定律"将失效，但从集成电路技术创新的节奏来看，至少未来 10 年内，芯片算力将会继续沿着"摩尔定律"的曲线向上攀升。芯片的工艺水平如今已达到 3 纳米，2 纳米也将很快实现规模化生产，并且比利时的半导体研究机构 IMEC 发布报告，预测 2036 年将实现 0.2 纳米的技术，说明摩尔定律仍将有效。今后的数字经济科技含量将更高，不仅将更为广泛地替代原有的经济模式，而且将迭代旧的数字经济，如同软件升级一样，呈现连续性的升级换代过程。

第二，数字经济的发展继续快于世界经济的整体发展，渗透力更强，对世界经济全局的影响更大。在数字技术和数字经济发展比较快的国家与地区，无论是数字产业化部门，还是产业数字化部门，发展的速度都明显快于经济的整体发展。2016 年至 2021 年，美国数字经济增长率平均为 6.7%，高于经济增长率 3 个百分点。中国数字经济的增速更是明显快于经济增速。根据中国信息通信研究院的测算标准，近 3 年，中国的数字经济增速要快于经济增长 5 个百分点以上。不仅数字经济居世界前两位的大国如此，而且在许多规模不大的国家，数字经济也呈现超前发展态势。只有 130 万人口的爱沙尼亚，经济数字化水平在欧洲首屈一指，其不仅拥有一流的数字化基础设施，而且培育出了多个以数字技术为支撑的"独角兽"企业，其中包括全球知名的 Skype。在全球范围内，数字经济快于整体经济的增长将是一个基本趋势，而且这种现象将维持较长的时期。

第三，在各种新数字技术的推动下，产业变革加速演进、融合发展，人与数字经济的相融伴生将成为时代的显著特征。今后一二十年，新一代互联网、人工智能、区块链、元宇宙、云计算、量子信息等新技术的成熟，必将催生更多新产业，并推动原有产业沿着数字技术创新路线实现升级。数字经济时代的产业变革，一方面，融合了多种先进技术和不同领域的创新成果，如 ChatGPT 的里程碑式创新既应用了更强的先进算力技术，也是对大数据技术和语言仿真技术的综合应用；另一方面，随着新业态和新模式的出现，产业间的融合更加深入。在新一代的数字经济形态下，人的参与感更强、融入程度更深，大量个性化的人工智能装置和数字环境问世也将为时不远。

第四，中国和美国将继续保持世界数字经济的领先位置，全球将出现数字经济发展的两大中心，两大中心周围将出现各自的数字经济板块。美国

正全力保住数字技术领先优势，把数字经济当作重点竞争策略，并积极拉拢欧盟、日本、韩国、澳大利亚等为联盟，通过"断供"和"围堵"的方式打压中国的关键数字产业。中国数字经济规模巨大，具有自身发展优势，正在走科技自立自强的道路，将以新型举国体制力求突破关键核心技术，其中包括数字经济领域的关键核心技术，以增强发展的安全性和稳定性。今后，中国数字经济的发展不仅规模更大，而且科技支撑能力将会显著增强。

四、数字经济的未来展望

随着数字技术的不断发展和应用，数字经济将继续保持高速的增长。未来的数字经济将更加依赖于数据和数字技术，将会有更多的行业和领域被数字化。同时，数字经济的发展将带来更多的机会和挑战，需要我们积极应对。数字经济是一个充满机遇和挑战的新经济形态，我们需要积极拥抱数字化、加强数字技术的研发和应用，以适应和引领数字经济的发展。

未来，随着5G、物联网、云计算等新技术的普及，数字经济将会以更快的速度发展。我们期待看到更多的创新和变革，也需要面对和解决数字经济带来的新问题。

总的来说，数字经济在全球范围内的快速发展正在改变我们的生活方式和工作模式，它带来了巨大的机遇，也带来了新的挑战。我们期待在未来的数字经济中，能够找到更多创新和发展的机会。

第二节　数字经济给经济管理带来的挑战和机遇

一、经济管理概述

（一）经济管理的定义

经济管理是管理主体通过运用管理职能，在经济活动中对人力、物力、财力、时间和信息等进行合理分配和有效使用，以及对各个社会集团和个人之间的物质利益关系进行合理调节，以实现预定目标的一系列活动的总称。经济管理既要研究经济学关于稀缺资源的有效配置与利用问题，即经济活动中的基本问题(生产什么和生产多少、怎样生产、为谁生产、谁来决策),又要研究管理学关于人类按照市场经济规律。对生产经营活动进行计划、组织、领导、激励和控制,积极开拓创新,充分利用资源,以尽可能地获得最大的经济效益,实现经济组织的目标。

(二) 经济管理的特点

随着经济全球化的加速和市场竞争的加剧,经济管理在企业的发展中扮演着越来越重要的角色。本书将深入探讨经济管理的特点,以便更好地理解和应用这些特点,帮助企业在激烈的市场竞争中立于不败之地。

1. 全面性

经济管理具有全面性的特点。这意味着它涵盖了企业运营的各个方面,包括财务、人力资源、生产、营销、研发等。这种全面性要求管理者具备广博的知识和开阔的视野,能够从整体上把握企业的运营状况,及时发现和解决问题。此外,经济管理还需要考虑企业外部环境的变化,如政策法规、市场需求、行业竞争等,以便作出相应调整。

2. 协调性

经济管理具有协调性的特点。在企业运营中,各部门之间往往存在利益冲突和竞争,这就需要管理者进行协调,以实现企业的整体目标。协调性要求管理者具备较高的沟通能力和协调能力,能够平衡各方面的利益,促进企业内部的和谐与稳定。此外,协调性还体现在与外部环境的互动中,如与供应商、客户、政府等机构的合作,以实现企业与外部环境的共赢。

3. 创新性

经济管理具有创新性的特点。随着市场的变化和技术的进步,企业需要不断创新以适应新的环境。创新性要求管理者具备敏锐的市场洞察力和创新思维,能够发现新的商机和市场趋势,并及时调整企业的战略和运营模式。此外,创新性还体现在管理手段和方法上,如采用先进的信息技术和管理软件,提高管理效率和精度,从而推动企业的可持续发展。

综上所述,经济管理的特点包括全面性、协调性和创新性。这些特点要求管理者具备丰富的知识、开阔的视野、良好的沟通能力和敏锐的创新能力。只有深入理解和应用这些特点,才能帮助企业在激烈的市场竞争中立于不败

之地。

(三) 经济管理的作用

在企业管理中，经济管理起着举足轻重的作用。它不仅有助于企业实现有序化，从整体上推动企业向前发展，而且能够放大企业的经济效益。

1. 经济管理的"有序化"作用

经济管理的一个重要目标是帮助企业实现有序化。有序化的好处在于，它能够提高企业的生产效率、降低成本、减少浪费，从而提升企业的整体效益。经济管理的有序化作用主要体现在以下 3 方面。

(1) 优化资源配置

通过合理的资源配置，经济管理可以帮助企业实现资源的最大化利用，从而提高企业的生产效率。

(2) 规范管理流程

经济管理能够规范企业的管理流程，确保各项工作的顺利进行，避免出现混乱和浪费。

(3) 提高决策效率

经济管理的有序化有助于提高决策效率，使得企业在面对市场变化时能够迅速作出反应。

2. 经济管理的整体推动作用

经济管理还有一个重要的作用，就是整体推动企业向前发展。通过经济管理的实施，企业可以形成一个有机整体，各个部门之间相互配合，共同推动企业的发展。具体来说，经济管理可以从以下 3 方面推动企业的发展。

(1) 增强团队协作

经济管理可以增强团队协作，使各个部门之间形成良好的合作关系，共同为实现企业的目标而努力。

(2) 促进技术创新

经济管理可以推动企业进行技术创新，从而提高企业的核心竞争力。

(3) 推动企业可持续发展

经济管理能够推动企业持续改进，不断适应市场变化，从而实现企业的可持续发展。

3.经济管理的放大作用

经济管理还有一个重要的作用就是放大企业的经济效益。通过经济管理的实施，企业可以优化生产流程、提高生产效率、降低成本，从而放大企业的经济效益。具体来说，经济管理可以从以下3方面放大企业的经济效益。

（1）提高产品质量

经济管理可以提高产品质量，从而增强企业的市场竞争力。

（2）降低成本

经济管理可以通过优化生产流程和降低管理成本等方式，降低企业的成本，从而提高企业的经济效益。

（3）增强市场竞争力

经济管理可以提高企业的市场竞争力，从而为企业带来更多的商业机会。

综上所述，经济管理在企业管理中起着至关重要的作用。它能够帮助企业实现有序化、整体推动企业发展并放大经济效益。因此，企业应该重视经济管理的实施，通过合理规划和管理，不断提高企业的竞争力和经济效益。

（四）经济管理在社会发展中的地位

随着经济的发展和社会的进步，经济管理在社会发展中的地位越来越重要。它不仅是经济发展和社会进步的重要手段，而且是协调各方利益的重要工具，还是应对经济风险和挑战的重要保障。

1.经济管理是经济发展和社会进步的重要手段

经济管理是通过计划、组织、指导、协调和控制等手段，对经济活动进行管理，以达到经济发展和社会进步的目标。它涉及生产、分配、交换、消费等经济活动的各方面，需要考虑社会、经济、政治及文化等多方面因素。通过经济管理，可以有效地优化资源配置、提高经济效率、促进经济增长，从而推动经济发展和社会进步。

2.经济管理是协调各方利益的重要工具

经济管理不仅是政府对经济的管理，更涉及各种利益主体的利益关系。

它需要平衡各种利益主体的利益，包括政府、企业、消费者、劳动者等各方面的利益。通过制定合理的政策措施和规章制度，可以有效地协调各方利益，避免资源浪费和利益冲突，促进社会和谐发展。

3.经济管理是应对经济风险和挑战的重要保障

在经济社会发展过程中，可能会面临各种风险和挑战，如金融危机、市场波动、资源短缺、环境问题等。经济管理可以通过制定相应的政策措施和规章制度应对这些风险和挑战。例如，可以通过财政政策、货币政策等手段来调节市场供需、稳定市场价格、应对市场波动；可以通过产业政策、环保政策等手段来促进可持续发展，应对资源短缺和环境问题等。

综上所述，经济管理在社会发展中的地位非常重要。它不仅是经济发展和社会进步的重要手段，而且是协调各方利益的重要工具，还是应对经济风险和挑战的重要保障。因此，我们应该加强经济管理、完善政策措施和规章制度，以提高经济效率和社会和谐程度，从而推动经济发展和社会进步。

（五）经济管理的职能

1.经济管理计划职能：构建繁荣社会的关键因素

随着全球经济竞争的日益激烈，有效的经济管理已经成为每个国家、企业和个人都必须面对的重要问题。在所有经济管理中，计划职能是一个关键部分，它帮助我们理解和预测未来的经济趋势，以便我们能够作出适应性的决策和策略。本书将详细探讨经济管理的计划职能的重要性、如何制订和实施这些计划，以及可能的影响。

（1）经济管理的计划职能概述

经济管理中的计划职能主要是对未来的经济形势进行预测，并根据预测结果制订出适应性的战略和行动计划。它涉及对市场趋势的分析、对企业资源和能力的评估，以及对经济环境的理解。计划职能的目的是确保组织能够适应不断变化的经济环境，同时最大化其资源和能力的效率。

（2）计划职能对经济决策的影响

有效的计划职能可以帮助企业作出明智的经济决策。它有助于识别和利用市场机会、规避风险，以及确保资源的合理分配。通过预测未来的经济趋势，企业可以制定出适应性的战略，以保持竞争力并实现长期增长。此外，计划职能可以帮助企业更好地理解消费者需求和市场动态，从而提供更好的产品和服务。

（3）计划职能的实施

实施计划职能需要一系列步骤，包括设定目标、收集和分析数据、制定策略、分配资源、监控和评估结果等。首先，企业需要明确其经济目标，这些目标应该与企业的战略方向一致。其次，企业需要收集和分析各种数据，包括市场趋势、竞争对手的动态、消费者行为等，以便了解经济环境。再次，根据收集的数据和企业的目标，制订出适应性的策略和行动计划。最后，企业需要定期评估计划的执行情况，并根据需要调整策略和资源分配。

随着科技的进步和全球经济的变化，经济管理的计划职能将面临新的挑战和机遇。例如，大数据和人工智能技术可以帮助企业更准确地预测市场趋势，从而制定出更有效的策略。同时，随着全球化的发展，跨国企业和跨地区合作将成为常态，这需要企业具备更强的全球视野和跨文化沟通能力。此外，可持续发展将成为未来经济发展的重要议题，这将影响企业的经济决策和计划。

总的来说，经济管理的计划职能对于一个社会的经济发展至关重要。有效的计划可以帮助企业识别和利用市场机会、规避风险、合理分配资源，并提高竞争力。未来，随着科技的进步和全球经济的变化，计划职能将面临新的挑战和机遇。因此，企业和个人都需要持续关注经济管理的变化，以便更好地适应不断变化的经济环境。

2. 经济管理组织职能：构建高效、协同的管理体系

随着经济的发展和全球化的推进，经济管理在企业运营中的重要性日益凸显。本书将探讨经济管理的组织职能，包括如何构建高效、协同的管理体系，以及如何优化资源配置、提升决策效率，从而推动企业实现可持续发展。

（1）组织职能的核心要素

①明确组织目标。组织目标的设定是经济管理的基础。企业应明确自身的发展战略，并将之转化为具体的组织目标，确保各部门、各团队的工作方向一致。

②建立有效的沟通机制。良好的沟通机制是组织职能发挥的关键。企

业应建立多层次、多维度的沟通渠道，确保信息传递的及时性和准确性，以提高决策效率。

③优化组织结构。合理的组织结构是实现高效协同的关键。企业应根据业务特点和发展需求，调整组织结构，确保各部门之间的协作与配合。

（2）人力资源管理

①招聘与选拔。企业应建立完善的人力资源招聘和选拔机制，吸引优秀的人才加入。通过面试、评估等方式，选拔具有专业素质和团队精神的员工。

②培训与发展。企业应定期为员工提供培训和发展机会，提升员工的职业技能和综合素质。这有助于提高员工的工作效率，增强企业的核心竞争力。

③激励与奖励。建立有效的激励机制，激发员工的工作热情和创造力。通过合理的薪酬制度、晋升机制等，增强员工的归属感和忠诚度。

（3）财务管理与决策支持

①预算与计划。企业应制订明确的预算和计划，确保资源的合理配置。通过预算控制和绩效评估，提高资金使用效率、降低财务风险。

②分析与评估。企业应建立完善的财务分析体系，对各项财务指标进行定期评估。通过数据分析，发现潜在的风险和问题，为决策提供依据。

③决策支持。企业高层管理者应充分利用财务数据和信息，为决策提供支持。通过财务分析结果，制订针对性的解决方案，提高企业的盈利能力和市场竞争力。

（4）信息技术应用

①信息化管理。企业应积极引入先进的信息技术，实现信息化管理。通过建立信息平台，提高信息传递的及时性和准确性，促进各部门之间的协作与配合。

②数据挖掘与分析。利用大数据技术，对海量数据进行分析和挖掘，为企业决策提供支持。通过数据驱动的决策方式，提高企业的市场洞察力和应变能力。

③信息安全保障。企业应加强信息安全保障措施，确保信息系统的稳定运行和数据的安全性。通过建立完善的信息安全管理制度，提高企业的信

息安全水平。

经济管理组织职能是企业实现高效协同、优化资源配置、提升决策效率的关键。通过明确组织目标、建立有效的沟通机制、优化组织结构、加强人力资源管理、完善财务管理与决策支持体系、应用信息技术等措施，企业可以构建高效、协同的管理体系，推动实现可持续发展。未来，随着科技的进步和市场环境的变化，经济管理将面临更多挑战和机遇。企业应不断创新和完善经济管理体系，以适应复杂多变的市场环境，实现更高层次的成长和发展。

(六) 经济管理原则

经济管理原则是指在经济管理过程中所遵循的基本原则，这些原则是经过实践检验并被广泛认可的，对于提高经济管理效率和质量具有重要意义。下面将分别介绍6个重要的经济管理原则。

1. 整分合原则

整分合原则是指在进行经济管理时，要注重整体性、系统性和综合性，将各个管理环节、各个部门、各个资源要素整合起来，形成整体优势，实现整体效益的最大化。具体来说，整分合原则要求管理者要全面考虑经济管理的各个方面，包括生产、销售、财务、人力资源等，将各个管理环节有机地结合起来，形成一个完整的系统。同时，管理者要注重各个部门之间的协作与配合，实现资源的优化配置，提高整体效率和质量。

2. 相对封闭原则

相对封闭原则是指在经济管理过程中，要建立相对封闭的管理体系，保证管理过程的连续性和稳定性，避免管理过程中的不确定因素和干扰因素对管理过程造成影响。具体来说，相对封闭原则要求管理者要建立完善的管理制度和管理流程，明确各部门的职责和权限，建立有效的信息传递和反馈机制，确保管理过程中的信息传递和反馈的及时性和准确性。同时，管理者要注重内部控制和风险管理，防范各种风险对管理过程造成的影响。

3. 反馈原则

反馈原则是指在经济管理过程中，要注重信息的反馈和利用，及时获取和分析管理过程中的各种信息，根据实际情况进行调整和优化，以提高管

理效率和质量。具体来说，反馈原则要求管理者要建立完善的信息系统和管理平台，实现信息的实时采集、分析和反馈，及时发现和解决问题。同时，管理者要注重与员工之间的沟通和交流，了解员工的需求和意见，不断改进管理方式和方法，提高员工的积极性和满意度。

4. 弹性原则

弹性原则是指经济管理必须留有余地，不能"一刀切"，要随着环境的变化而变化。弹性原则包括以下两方面内容。

(1) 经济管理的计划要有弹性

经济管理不能太死板，必须留有余地，也就是说，经济管理要有弹性。经济管理的计划要有弹性，首先表现在计划指标的规定要恰到好处，既不太紧又不太松。如果计划指标规定得太紧，则执行计划时就要"鞭打快牛"，不利于发挥积极性；如果计划指标规定得太松，则可能造成浪费，不利于节约。其次在计划执行过程中，要灵活对待一些不可控的因素。如市场供求的变化、原材料的供应、生产成本的变动等，都可能影响计划的执行。因此，在计划执行过程中，要善于审时度势，根据实际情况的变化及时调整计划。

(2) 经济管理要有利于劳动力、劳动资料和劳动对象的管理

劳动力、劳动资料和劳动对象是物质生产不可缺少的三个要素。物质生产过程就是这三个要素结合的过程。因此，经济管理必须有利于这三个要素的管理。具体来说，就是要注意以下 4 点：①要合理使用劳动力，避免劳动力的浪费和闲置；②要合理使用和节约使用原材料；③要合理使用机器设备等劳动资料，避免设备的闲置和损坏；④要注意劳动资料和劳动对象与劳动力的结合，以提高生产效率。

5. 能级原则

能级原则，是指经济管理必须与经济活动主体的能力相适应。经济管理机构设置要科学合理，层次要适当、职能要明确。经济管理的能级原则主要包括以下两方面内容。

(1) 经济管理机构设置要科学合理

经济管理机构设置要遵循能级原则。机构设置的科学合理与否，直接影响着管理效能的发挥。一个科学的、合理的经济管理机构应该具备以下特点：第一，要有明确的职能分工和相互制约机制；第二，要有必要的管理层

次和管理幅度；第三，各级管理机构的职能应适应经济活动的规律；第四，不同部门、不同单位的职责权限应当相当；第五，有利于综合平衡。科学合理的机构设置能发挥专业管理和综合管理各自的职能优势，从而提高经济管理工作的综合效率。一般来说，经济组织内部各种专业职能和管理工作的层次与幅度应与组织成员的能力水平相适应。层次过多或幅度过大都会影响管理效能的发挥。因此，组织成员的能力水平与经济组织规模相适应的层次与幅度是科学合理的机构设置的重要标准之一。

（2）经济管理人员的素质要与经济管理的任务相适应

经济管理的任务要求管理人员必须具备相应的素质和能力。经济管理的任务是制定经济发展战略、规划经济发展的长远目标、制定经济发展政策、监督检查经济计划的执行情况等。这些任务要求管理人员必须具备较高的政治素质、业务素质和良好的作风素质。管理人员只有具备了这些素质才能胜任自己的工作。因此，提高管理人员的素质是经济管理的基本要求之一。另外，要解决目前某些企业人员流动过大的问题。以提高管理人员素质为依据（如学历及岗位要求的经验积累），真正使人员的素质水平与管理任务相适应、与所任岗位的能力大小相适应；以提高管理水平和管理效率为宗旨逐渐减少以企业行为为由的人员随意流动发生，切实解决某些企业管理队伍不稳定性大的问题，使管理队伍更加稳定更有利于提高管理水平及效率。

6.行为原则

行为原则是指管理活动必须符合人的行为规律。行为原则是现代管理理论的重要原则之一。因为管理活动是通过人的活动来完成的，人的活动又受到人的行为规律的影响和制约。所以管理者在实施管理时必须了解并遵循人的行为规律，否则就会影响管理效果甚至造成不良后果。符合行为原则要求的管理方式应当具备以下5个特点：第一，具有科学性；第二，尊重人性；第三，有实际效果；第四，有积极作用；第五，符合道德规范。符合行为原则的管理方式有利于调动人们的积极性、主动性和创造性；有利于提高工作效率和工作质量；有利于增强组织的凝聚力；有利于提高组织的整体效能；有利于促进人的全面发展。因此，在实施经济管理时必须遵循行为原则的要求来制定相应的管理措施和方法，同时要注意防止出现违背行为原则的错误做法和不良倾向的出现。

综上所述，经济管理原则是经济管理过程中所遵循的基本原则，对于提高经济管理效率和质量具有重要意义。在实践中，管理者要注重整分合原则、相对封闭原则和反馈原则的运用，不断改进管理方式和方法，以提高经济管理的整体效益和质量。

二、数字经济给经济管理带来的挑战

在当今的数字化时代，管理已经成为组织成功的关键要素。管理涵盖了广泛的领域，包括领导力、战略规划、人力资源、项目管理等。在这篇文章中，我们将深入探讨数字化时代给管理带来的挑战和机遇，并探讨如何应对这些挑战以实现成功的管理。

(一) 信息爆炸与数据管理

数字化时代的最显著特征之一就是信息的爆炸式增长。组织需要处理来自各个渠道的大量数据，包括社交媒体、客户反馈、市场趋势等。管理者必须掌握数据管理技能，以从这些信息中提取有价值的见解，从而作出明智的决策。

(二) 远程工作与团队协作

数字化时代推动了远程工作的普及，这为管理带来了新的挑战。管理者需要寻找方法来有效地管理分散的团队，确保协作和沟通的顺畅。工具和技术如视频会议和协作平台，成为管理团队的必备资源。

(三) 数字化风险与安全

随着数字化的发展，组织面临着越来越多的数字化风险，包括数据泄露、网络攻击和隐私问题。管理者必须致力于保护组织的数字资产，并制定紧密的安全策略。

(四) 领导力与文化转变

数字化时代对领导力提出了新的要求。管理者需要拥抱变革，鼓励创新，引导组织适应快速变化的环境。此外，管理者还需要推动文化转变，以使组织能够灵活地应对市场变化。

(五) 人才发展与技能更新

技术的快速演进意味着员工的技能要求也在不断变化。管理者必须投资于员工培训和发展，以确保他们具备应对数字化时代挑战的所需技能。

三、数字经济给经济管理带来的机遇

随着数字技术的飞速发展，数字经济已经成为全球经济的重要组成部分。它不仅改变了我们的生活方式，而且给经济管理带来了许多新的机遇。本书将从数据驱动决策、智能化、自动化、全球化、市场扩展、个性化客户体验、可持续性与绿色经济和创新与竞争八个方面，探讨数字经济给经济管理带来的机遇。

(一) 数据驱动决策

在数字经济中，数据是重要的生产要素。通过收集和分析大量的数据，企业可以更准确地了解市场需求、消费者行为和竞争态势，从而制定更加科学、精准的决策。这不仅可以提高企业的效率和竞争力，还可以为社会创造更多的价值。

在经济管理领域，数据驱动决策的重要性不言而喻。在传统的经济管理中，决策往往基于经验和主观判断，这往往会导致决策的偏差和失误。而在数字经济时代，通过大数据分析，我们可以更好地了解经济运行的规律，预测未来的趋势，从而制定更加科学、合理的经济政策和管理措施。

(二) 智能化

智能化是数字经济的另一个重要特征。在经济管理领域，智能化技术的应用可以帮助企业实现生产过程的自动化、智能化和精细化，提高生产效率和质量。同时，智能化技术也可以提高企业的决策效率和准确性，降低管理成本和风险。

智能化技术的应用不仅可以提高企业的竞争力，还可以为社会创造更多的就业机会。随着智能化的普及和发展，许多传统行业将会被替代或升

级，这将带来更多的就业机会和新的经济增长点。

（三）自动化

自动化是数字经济的另一个重要趋势。在经济管理领域，自动化技术的应用可以帮助企业实现生产流程的自动化，提高生产效率和质量。同时，自动化技术也可以降低人力成本和管理成本，提高企业的经济效益和市场竞争力。

自动化技术的应用不仅可以提高企业的经济效益和市场竞争力，还可以为经济管理带来许多新的机遇。例如，通过自动化技术，我们可以更好地实现资源的最优配置，提高资源的使用效率和效益。同时，自动化技术可以促进经济的可持续发展，减少环境污染和资源浪费等问题。

（四）全球化

数字经济全球化的发展，使得企业可以在全球范围内进行交易和合作，这极大地开阔了企业的市场视野、提高了企业的竞争力和创新力。这种全球化的趋势为经济管理提供了更多的机会和挑战，一方面，企业需要更有效地利用资源，实现全球化战略；另一方面，企业需要更加深入地理解和适应不同国家和地区的市场规则和文化背景。

（五）市场扩展

数字经济使市场扩展成为可能。通过大数据和人工智能等技术的应用，企业可以更准确地理解消费者的需求和行为，从而更有效地扩大市场。这不仅有助于企业开发新的产品和服务、提高销售额，也为企业提供了更丰富的数据资源，用于市场研究和策略制定。在经济管理方面，这种市场扩展需要企业具备更强的数据分析和决策能力。

（六）个性化客户体验

数字经济的发展也推动了个性化客户体验的实现。通过云计算、物联网和区块链等技术的应用，企业可以提供更加个性化和定制化的产品和服务，满足不同消费者的需求。这种个性化客户体验不仅提高了消费者的满意度，也为企业带来了更多的商机。在经济管理方面，这种个性化体验需要企业具备更强的数据挖掘和分析能力，以及更灵活的商业模式和运营策略。

(七) 可持续性与绿色经济

在数字经济的发展过程中，可持续性和绿色经济也成为越来越重要的议题。企业需要更加关注环境保护和资源利用，实现经济的可持续发展。这需要企业在产品设计、生产、销售和售后服务的全过程中，考虑可持续性和环保因素。这不仅有助于企业的长期发展，也符合社会的需求和期望。

(八) 创新与竞争

随着数字技术的飞速发展，数字经济已经成为全球经济的重要组成部分。它不仅改变了我们的生活方式，而且正在重塑经济管理的模式和理念。数字经济为经济管理带来了前所未有的机遇，主要体现在创新和竞争两方面。

1. 数字经济为经济管理提供了创新的源泉

数字经济的核心是数据，而数据是创新的基础。通过大数据分析，企业可以更深入地理解消费者需求，从而开发出更符合市场需要的产品和服务。此外，数字技术也推动了生产方式的变革，使得智能化、自动化和远程控制成为可能，提高了生产效率。这些创新不仅有助于企业提高利润，而且有助于推动整个经济体系的创新。

2. 数字经济为经济管理提供了更广阔的竞争舞台

在数字经济中，企业可以通过网络平台进行全球范围内的交易和合作，打破了地理限制，使得企业可以更快速地进入新的市场。同时，数字经济的开放性和透明性使得竞争更加公平和公正。在数字经济中，企业的成功不再完全取决于其资源禀赋，而更多地取决于其创新能力、服务质量和技术水平。这无疑为经济管理提供了新的挑战和机遇。

3. 数字经济为经济管理提供了新的工具和方法

传统的经济管理方法主要基于市场调查、统计分析和人工决策等手段，在数字经济中，大数据、人工智能、云计算等新技术为经济管理提供了更多的工具和方法。这些工具和方法可以帮助企业更准确地把握市场趋势，更快速地作出决策，从而提高企业的竞争力。然而，尽管数字经济为经济管理带

来了许多机遇，但也带来了一些挑战。例如，数据安全和隐私保护问题、数字鸿沟问题等都需要我们认真对待。因此，我们需要不断探索和创新，以适应数字经济的发展。

数字经济为经济管理带来了创新和竞争的机遇。通过利用数字技术，企业可以更深入地理解消费者需求，开发出更符合市场需要的产品和服务；同时可以在全球范围内进行交易和合作，提高企业的竞争力。此外，数字经济的开放性和透明性也使得竞争更加公平和公正。然而，我们需要注意到数字经济带来的挑战，如数据安全和隐私保护问题、数字鸿沟问题等。因此，我们需要不断探索和创新，以适应数字经济的发展。

未来，我们期待看到更多的经济管理实践者能够充分利用数字经济的优势，推动经济管理的创新和发展。同时，我们需要关注和解决数字经济带来的问题，以确保数字经济的健康发展。只有这样，我们才能真正把握数字经济带来的机遇，实现经济管理的持续发展。

总的来说，数字化时代对管理提出了新的挑战，但也为管理者带来了广泛的机遇。成功的管理需要不断学习和适应，利用数字化工具和技术来实现组织的目标。只有那些能够灵活应对挑战并抓住机遇的管理者，才能在数字化时代取得成功。

四、数字经济时代经济管理的特点

随着数字经济的崛起，我们的社会正在经历一场前所未有的变革。数字经济以其独特的模式和特征，正在重塑我们的经济环境，而这种变革也深刻地影响了我们的经济管理模式。在这个时代，经济管理的特征主要体现在两方面：关联性和指导性。

(一) 关联性

在数字经济时代，经济管理的关联性主要体现在两方面：一是企业与消费者之间的关联；二是企业与企业之间的关联。

1. 企业与消费者之间的关联度显著增强

在数字经济时代，消费者不再是被动的接受者，而是主动的参与者。他们可以通过网络平台，与企业进行更加直接和深入的互动，对企业提出个性化的需求和建议。这就要求企业必须密切关注消费者的需求变化，以便做出及时的调整和应对。这种变化使得企业与消费者之间的关联性大大增强，也使得企业的经济管理必须更加注重消费者的需求和反馈。

2. 企业与企业之间的关联也得到了加强

在数字经济时代，企业之间的合作不再局限于传统的合同和协议，而是更多地依赖于数据和信息共享，以及网络化的协作模式。企业之间的合作不再受地域和时间的限制，而是可以随时随地进行沟通和协作。这种变化要求企业必须具备更强的协作能力和创新能力，以便在数字经济的海洋中航行自如。

(二) 指导性

数字经济时代经济管理的指导性主要体现在其战略性和创新性上。

1. 数字经济的战略性特征要求经济管理必须具备战略性

在数字经济时代，企业必须具备全局观和前瞻性，能够预见未来的趋势和变化，以便作出正确的决策。这就要求经济管理必须具备战略性思维，能够为企业的发展提供战略性的指导。

2. 数字经济的创新性特征要求经济管理必须具备创新性

在数字经济时代，创新是企业生存和发展的关键。经济管理必须鼓励和支持创新，为企业的创新提供必要的资源和环境。同时，经济管理必须具备创新的能力，能够适应数字经济的快速变化，为企业的发展提供创新的驱动力。

3. 数字经济的开放性特征要求经济管理必须具备包容性和开放性。

在数字经济时代，企业必须能够接纳各种新的技术和模式，以便在激烈的竞争中保持优势。这就要求经济管理必须具备开放的心态和包容的精神，能够接纳和吸收各种新的理念和方法，为企业的发展提供新的动力。

综上所述，数字经济时代经济管理的特征主要体现在关联性和指导性两方面。这两个特征共同构成了数字经济时代经济管理的新模式。在这种模式下，企业需要具备更强的协作能力、创新能力和开放心态，以便在数字经济的海洋中航行自如。

五、数字经济时代经济管理创新的原则

随着数字经济的迅猛发展，传统的管理模式已无法满足其需求，经济管理也需要进行相应的创新。本书将围绕数字经济时代经济管理创新的原则展开探讨，具体包括以下原则。

(一) 科学性原则

在数字经济时代，信息技术的广泛应用使得数据成为企业发展的重要资源。因此，创新经济管理需要以科学的方法为指导，注重数据分析和挖掘，以提高决策的科学性和准确性。同时，在管理模式的设计和实施过程中，应充分考虑数字经济的特性和规律，以适应数字经济的发展需求。

(二) 安全性原则

数字经济时代，网络安全问题日益突出。在创新经济管理的过程中，应充分考虑安全因素，采取有效的安全措施，保障数据安全和系统稳定。同时，应加强员工的安全意识培训，提高整体安全防范水平，确保企业安全稳定运行。

(三) 高效性原则

在数字经济时代，效率是企业生存和发展的关键。因此，创新经济管理需要注重提高管理效率，通过优化流程、简化手续、提高信息化水平等措施，实现管理的高效化。同时，应注重人才培养，提高员工的综合素质和专业技能，为企业发展提供有力支撑。

(四) 适应性原则

数字经济下的经济管理需要适应数字经济的发展特点，包括数字化、网络化、智能化等。因此，经济管理创新需要适应数字经济的特征，不断调整和优化管理方式和方法，以适应数字经济的快速发展。

(五) 协调性原则

数字经济下的经济管理需要协调各方面的利益关系，包括企业、员工、客户、供应商等。因此，经济管理创新需要注重协调各方面的利益关系，建立良好的合作关系，促进数字经济的健康发展。

(六) 开放性原则

数字经济是一个开放性的经济形态，经济管理也需要具有开放性。因此，经济管理创新需要积极引入新的管理理念、方法和工具，加强与其他国家和地区的管理机构和企业的合作与交流，推动数字经济的全球化发展。

(七) 系统性原则

数字经济是一个系统性的经济形态，经济管理也需要具有系统性。因此，经济管理创新需要注重数字经济的系统性，加强与其他领域的管理工作的联系和协调，形成有效的管理机制和管理体系，推动数字经济的可持续发展。

(八) 风险控制原则

数字经济是一个风险较高的经济形态，经济管理也需要注重风险控制。因此，经济管理创新需要加强风险评估和预警机制的建设，加强风险管理措施的落实和监督，确保数字经济的稳定和安全。

总之，在实际工作中，企业应充分考虑数字经济的特性和规律，结合实际情况，制订切实可行的管理方案，确保企业在数字经济的浪潮中健康、稳定地发展。

第三节　经济管理在数字经济中的重要性

数字经济正在改变我们的生活方式和工作模式，这种变革带来了新的挑战，如数据安全、隐私保护、公平竞争等问题，这就需要我们重新审视经

济管理在数字经济中的角色和作用。

一、经济管理在数字经济中的基础作用

（1）资源配置。在数字经济中，经济管理的重要任务之一是优化资源配置。数字经济的核心是数据和信息，这些资源的有效利用和合理配置需经济管理来引导和规范。数字技术使得信息传递更为迅速，企业能够迅速获取市场信息，并据此调整生产和投资方向。有效的经济管理能够使资源得到更加合理的分配，从而提高经济效益。

（2）法规制定。数字经济需要相应的法规进行规范和引导。通过制定合理的经济政策，可以促进数字经济的健康发展，也可以保护消费者的权益。有效的经济管理需要制定合适的法规，以确保市场公平竞争，保护消费者权益，同时为创新提供足够的空间。

（3）人才培养。数字经济的发展需要大量的专业人才。有效的经济管理应重视人才培养，提供相应的教育和培训，以满足数字经济对人才的需求。

二、经济管理在数字经济中的风险控制

数字经济中的风险控制是经济管理的重要任务之一。随着数字技术的广泛应用，网络犯罪、数据泄露、网络欺诈等风险也在不断增加。这就需要我们通过经济管理制定相应的政策和法规，以保护企业和消费者的利益，防止数字经济的健康发展受到阻碍。

经济管理在数字经济中的风险控制作用如下。

（1）信息安全。在数字经济中，信息安全是重要的风险之一。有效的经济管理应加强信息安全的监管，防止数据泄露和网络攻击，确保企业的商业机密和客户信息的安全。

（2）监管风险。随着数字经济的快速发展，监管难度也在增加。有效的经济管理应与监管部门密切合作，共同应对监管风险，确保市场的公平和稳定。

（3）市场竞争与反垄断。数字经济的竞争日益激烈，企业间的并购和合作也日益频繁。然而，过度竞争和垄断行为时有发生，这不仅会影响市场的公平性，还会对消费者利益造成损害。经济管理需要制定合理的市场规则，

以维护市场竞争秩序，防止市场垄断的出现。

（4）金融风险。数字货币和区块链技术的发展为金融市场带来了新的机遇，同时也带来了新的风险。数字货币的波动性、区块链技术的去中心化和匿名性等特性都可能引发金融风险。经济管理需要密切关注这些变化，制定相应的风险管理措施，以应对可能的金融风险。

在数字经济中，经济管理的重要性不言而喻。它需要应对各种风险和挑战，以确保经济的稳定和可持续发展。为了实现这一目标，经济管理需要采取一系列有效的措施，包括加强数据安全和隐私保护、制定合理的市场规则、关注金融风险、培养具有创新能力和跨界知识的人才、帮助企业实现数字化转型、密切关注法规的变化等。

总的来说，经济管理在数字经济中的重要性不容忽视。只有通过有效的经济管理，我们才能应对数字经济的风险和挑战，实现经济的稳定和可持续发展。

三、经济管理在数字经济中的创新驱动

数字经济，作为近年来快速发展的经济形态，正在全球范围内引发深远的变革。在这个领域，经济管理的重要性不言而喻。它不仅为数字经济的健康发展提供了基础，更以其创新驱动的力量，推动着数字经济向前发展。

首先，经济管理在数字经济中的创新驱动体现在其对新技术、新模式的引导和支持上。数字经济依赖于大数据、云计算、人工智能等先进技术，这些技术的发展和应用离不开有效的经济管理。通过制定相关政策，引导和鼓励企业进行技术创新，经济管理能够为数字经济注入源源不断的活力。

其次，经济管理在数字经济中的创新驱动还体现在其对新业态、新产业的培育和发展上。数字经济的快速发展催生了许多新的业态和产业，如共享经济、在线教育、远程医疗等。这些新业态和新产业的发展，离不开有效的经济管理。通过制定相关政策，鼓励和支持新业态、新产业的发展，经济管理能够为数字经济的多元化发展提供坚实的保障。

四、经济管理在数字经济中的国际合作

随着数字经济的全球化发展，经济管理在数字经济中的国际合作也日

益重要。各国之间的经济联系越来越紧密，数字经济的竞争也日趋激烈。在这种情况下，加强经济管理领域的国际合作，共同应对数字经济带来的挑战和问题，就显得尤为重要。

首先，经济管理在数字经济中的国际合作有助于实现资源的优化配置。各国在数字经济发展中拥有不同的优势和劣势，通过加强合作，可以实现资源的优化配置，提高数字经济的整体竞争力。

其次，经济管理在数字经济中的国际合作有助于推动数字经济的公平竞争。数字经济的快速发展带来了新的不公平现象，如数据泄露、网络犯罪等。通过加强经济管理，可以规范市场秩序，保护消费者权益，推动数字经济的公平竞争。

最后，经济管理在数字经济中的国际合作还有助于提高数字经济的可持续发展能力。数字经济的发展需要遵循一定的规则和伦理，需要通过有效的经济管理来确保其可持续发展。

五、经济管理在数字经济中规范市场行为

随着数字经济的快速发展，其在全球经济中的地位日益凸显。然而，数字经济的无边界性和复杂性也带来了诸多挑战，其中之一便是市场行为的规范问题。经济管理在数字经济中的重要性不言而喻，它不仅有助于规范市场行为，还能为数字经济提供稳定、公平和可持续的发展环境。

(一) 规范市场行为的重要性

数字经济中的市场行为具有多样性，包括但不限于企业间的交易、消费者与企业的互动、数据的使用和保护等。这些行为如果缺乏有效的规范，可能会引发一系列问题，如不公平竞争、数据泄露和滥用等。这些问题不仅会影响市场的公平性和效率，还可能对消费者权益和社会稳定造成威胁。

(二) 经济管理在数字经济中的作用

经济管理在数字经济中扮演着重要的角色。首先，经济管理可以通过制定相关法规和政策，明确市场参与者的权利和义务，确保市场的公平竞争。其次，经济管理可以提供预警机制，及时发现并处理市场中的违规行

为,防止问题扩大化。最后,经济管理可以引导市场参与者建立良好的商业道德和合规意识,促进行业自律。

(三) 经济管理在数字经济中的具体实践

(1) 监管政策。政府应制定符合国情的数字经济监管政策,明确监管范围和标准,确保政策的一致性和可操作性。同时,应加强与其他国家和地区的合作,共同应对全球性数字经济问题。

(2) 法律法规。应建立健全的法律法规体系,以保护消费者权益,规范数据使用和保护,打击网络犯罪等。同时,应确保法律法规的透明度和公正性,避免过度干预市场机制。

(3) 数字素养教育。通过推广数字素养教育,提高公众对数字经济的认识和理解,培养其数字消费和数字投资的正确观念。

(4) 监管科技。通过运用大数据、人工智能等技术手段,提高监管效率和准确性,实现精准监管。

在数字经济快速发展的背景下,规范市场行为显得尤为重要。经济管理作为其中的关键角色,应积极发挥作用,通过制定合理的法规政策、引导市场自律、提高公众数字素养和教育水平以及运用监管科技等手段,为数字经济创造一个公平、透明和可持续的发展环境。只有这样,我们才能确保数字经济的健康发展,使其成为推动全球经济和社会进步的重要力量。

六、经济管理在数字经济中保障消费者权益

在数字经济中,消费者权益的保护尤为重要。数字经济的虚拟性、匿名性等特点,使得消费者在交易过程中面临着更多的风险和不确定性。因此,经济管理需要采取一系列措施,确保消费者的权益得到充分保障。

(一) 建立健全的数字监管体系是关键

政府应加大对数字经济的监管力度,制定相关法律法规和政策,明确市场主体的责任和义务,确保市场秩序的稳定。同时,建立有效的投诉举报机制,及时处理消费者的问题和纠纷,以维护消费者的合法权益。

(二) 加强消费者教育是重要的手段

政府和相关机构应通过各种渠道，普及数字经济的常识和知识，增强消费者的风险意识和自我保护能力。同时，鼓励消费者参与数字经济活动，提高消费者的参与度和满意度，从而形成良好的市场环境。

在数字经济时代，经济管理的重要性不言而喻。我们需要通过合理的经济政策和法规，来促进数字经济的健康发展，保护消费者的权益，防止风险的发生，鼓励创新和创造力的发挥，以及加强国际合作。随着数字经济的不断发展，经济管理也将面临新的挑战和机遇。因此，我们需要不断更新我们的经济管理理念和方法，以适应数字经济的快速发展。未来，我们期待经济管理在数字经济中发挥更大的作用，为数字经济的健康发展提供有力的支持。

第二章
数字经济下的经济管理措施的分类

第一节　人才培养：培养数字经济领域的管理人才

随着数字经济的快速发展，经济管理面临着前所未有的挑战和机遇。在这个背景下，培养数字经济领域的管理人才成为关键的措施之一。本节将从人才培养的角度出发，探讨数字经济下经济管理的措施。

一、数字经济领域管理人才的定义和特点

(一) 数字经济领域管理人才的定义

数字经济领域管理人才是指那些在数字环境中，能够利用现代科技手段 (如大数据、人工智能、云计算等) 进行决策、管理、创新的人才。他们的工作重心在于理解和利用数字经济的特性和趋势，以实现组织的战略目标。

(二) 数字经济领域管理人才的特点

1. 技术敏感

数字经济领域的管理人才通常对新技术和新趋势有高度的敏感度。他们能够快速学习和掌握新的科技工具，并将其应用于工作中。

2. 数据驱动

数字经济的基础就是数据，因此，管理人才需要具备从海量数据中提取有用信息，并以此作出决策的能力。他们需要理解数据的质量、来源，以及如何使用数据来驱动决策。

3. 跨领域知识

数字经济涵盖了广泛的领域，包括但不限于电子商务、移动支付、大数据分析、人工智能、物联网等。因此，管理人才需要具备跨领域的知识，以便在复杂的数字环境中进行决策和管理。

4. 创新思维

在数字经济中，变化是常态，因此管理人才需要有创新思维，能够接受并适应新的挑战和变化。管理人才需要有能力发现新的机会，并制定相应的策略来抓住这些机会。

5. 团队协作

在数字环境中，团队协作变得尤为重要。管理人才需要具备优秀的团队合作能力，能够有效地协调和整合团队资源，以实现组织的目标。

6. 终身学习者

数字经济领域的发展速度极快，管理人才需要保持持续的学习和成长，以适应不断变化的环境。他们需要有能力不断地学习和适应新的技术和趋势。

总的来说，数字经济领域的管理人才是具有高度技术敏感度、数据驱动决策能力、跨领域知识、创新思维、团队协作能力和终身学习能力的专业人才。他们的工作重心在于理解和利用数字经济的特性和趋势，以实现组织的战略目标。

二、数字经济对经济管理人才的新标准

(一) 信息链接

在数字经济的浪潮下，经济管理人才需要更深入理解和掌握信息技术，信息素养的提升显得尤为重要。这不仅包括对数据的收集、整理、分析，还包括对信息的有效传递和利用。经济管理人才需要提升素质素养，熟悉数字工具和平台，利用大数据和人工智能技术辅助决策，以实现更高效、更精准的管理。

(二) 批判分析

数字经济带来的不仅是新的工具和技术，还有对传统经济理论和实践的挑战。面对复杂的数字市场，经济管理人才需要具备批判性思维，能识别数据中的偏差和误差，以及理解并适应数字经济的独特规律。同时，他们需要培养自己的创新思维，以适应不断变化的市场环境。

(三) 方案策划

数字经济对经济管理人才的方案策划能力提出了更高的要求。他们需要理解数字经济的商业模式，掌握数据驱动的决策方法，能够利用大数据和人工智能技术制定有效的管理策略。此外，他们需要具备跨学科的知识，包括计算机科学、统计学、经济学等，以便更好地理解和应对数字经济的挑战。

(四) 理论应用

在数字经济的背景下，经济管理人才需要将传统的经济理论应用到新的环境中。他们需要理解并应用诸如网络效应、长尾理论、数据隐私保护等数字经济特有的理论，以便更好地理解和应对数字经济的挑战。同时，管理人才需要保持对新兴经济理论的关注和研究，以便在数字经济中保持领先。

(五) 数字技术

数字经济以其迅猛的发展势头，正在重塑经济环境。大数据、人工智能、云计算、区块链等新兴技术正在不断地改变商业运行模式，使得企业运营和决策越来越依赖于数据和算法。在这样的背景下，经济管理人才需要具备对数字技术的理解和应用能力。需要了解数字技术的优势和局限，能够利用数字技术进行数据分析和预测，以及制定基于数字技术的战略和决策。

(六) 市场环境

数字经济下的市场环境与传统经济环境有很大的不同。网络市场的开放性和全球化使得市场竞争更加激烈，信息不对称的情况大大减少。在这样

的环境下，经济管理人才需要具备敏锐的市场洞察力和决策能力，从而能够迅速把握市场变化，作出正确的决策。经济管理人才还需要具备网络营销和品牌建设的能力，以适应数字时代的市场竞争。

(七) 社群服务

在数字经济中，社群经济也是一个重要的组成部分。社交媒体、社区平台等已经成为人们获取信息、交流思想的重要渠道。在这样的环境下，经济管理人才需要具备社群服务的能力，能够理解社群需求、提供有价值的服务和产品，以获得社群的认可和支持。经济管理人才还需要具备与社群互动和沟通的能力，以更好地了解社群需求，提升产品和服务的质量。

(八) 职业范围

数字经济对经济管理人才的职业范围也产生了深远的影响。在传统的经济管理中，人才主要从事于企业战略、财务、人力资源等领域的职业。在数字经济时代，这些领域的重要性虽然依然存在，但是增加了诸如数据安全、数字营销、区块链应用、人工智能管理等新的领域。经济管理人才需要不断学习和适应这些新的领域，以保持职业的竞争力和发展潜力。

(九) 团队协作

数字经济下的企业更加依赖团队合作，以应对复杂多变的市场环境。在这样的环境中，经济管理人才需要具备出色的团队合作能力，能够与其他成员进行有效沟通，协调各方资源，达成共同的目标。他们需要理解团队的力量，学会倾听，尊重差异，用开放的心态去接纳和整合不同的观点和想法。同时，他们需要学会在团队中承担责任，以实际行动推动团队的发展和进步。

(十) 沟通表达

在数字经济的背景下，信息的流通速度和传播方式都发生了巨大的变化。这就要求经济管理人才具备良好的沟通表达技巧。他们需要能够清晰、准确地表达自己的观点和想法，也要有能力倾听和理解他人的观点。此外，他们需要掌握有效的沟通技巧，如聆听、反馈、提问等，以促进有效的信息交流和决策的制定。

(十一) 项目管理

在数字经济的环境下，项目管理的能力对经济管理人才来说至关重要。他们需要理解并掌握项目管理的原理和方法，包括时间管理、资源分配、风险管理等。他们需要能够制订合理的项目计划、协调各方资源、处理可能出现的问题和挑战，以确保项目的成功实施。此外，他们还需要具备跨部门的协调能力，能够与不同部门的人员进行有效合作，共同推动项目的进展。

(十二) 终身学习

在数字经济的背景下，知识更新速度极快，这就要求经济管理人才具备终身学习的能力。他们需要时刻保持对新知识、新技能的关注和学习，以便能够适应不断变化的市场环境。他们需要理解持续学习的重要性，不断更新自己的知识体系，以保持自己在经济领域的竞争力。此外，他们还需要具备批判性思维的能力，能够独立思考、勇于创新，以应对不断变化的市场需求。

数字经济的发展对经济管理人才提出了新的标准。这些新的标准要求经济管理人才不仅要有深厚的经济理论知识，还要有熟练的数字技能和跨学科的理解。只有不断提升自己的能力和素质，才能适应数字经济带来的挑战和机遇。

三、数字经济领域管理人才应具备的能力

随着数字经济的飞速发展，我们的经济环境正在经历一场前所未有的变革。数字经济以其独特的优势，如高效、灵活、全球化等，正在改变着我们的生活方式和工作方式。在这样的背景下，经济管理也面临着新的挑战和机遇。其中，人才培养是应对这些挑战和抓住机遇的关键。

数字经济涵盖了从数据采集、存储、处理、分析到决策制定等多个环节，需要具备跨学科的知识和技能。因此，我们需要建立一种新的教育模式，将数字经济的理论知识与实践经验相结合，培养出既了解数字经济的运

行规律，又熟悉企业运营管理的复合型人才。

数字经济领域管理人才需要具备哪些能力，才能更好地适应和推动数字经济的发展呢？根据上文数字经济对经济管理人才的新标准进行分析，得出如下结论。

（一）技术能力

数字经济领域管理人才首先需要具备强大的技术能力，包括对数字技术的掌握和应用能力。具体来说，他们需要了解并掌握大数据、云计算、人工智能、物联网等新兴技术，能够熟练运用这些技术进行数据分析、决策支持、风险控制等。此外，他们还需要具备网络安全意识，能够应对网络攻击和数据泄露等风险。

（二）业务能力

数字经济领域管理人才需要具备扎实的业务能力，包括对数字经济的深入了解和把握。他们需要了解数字经济的运作机制、商业模式、发展趋势等，以便更好地指导企业的数字化转型。同时，他们需要具备跨学科的知识和技能，能够与其他部门协同合作，共同推动企业的数字化发展。

（三）领导能力

数字经济领域管理人才需要具备出色的领导能力，包括决策能力、沟通能力和组织协调能力。他们需要能够准确判断市场趋势和客户需求，制订出符合企业战略目标的数字化发展计划。同时，他们还需要具备良好的沟通技巧，能够与团队成员进行有效沟通，激发团队成员的积极性和创造力。此外，他们需要具备强大的组织协调能力，能够领导团队实现数字化转型的目标。

（四）创新能力

数字经济领域管理人才需要具备强大的创新能力，包括对新技术、新模式、新思维的探索和应用能力。他们需要能够敏锐地发现市场机遇，勇于尝试新的商业模式和数字技术，以推动企业的数字化创新发展。同时，他们还需要具备创新思维和创新能力，能够不断优化和改进数字化发展策略，以应对市场的变化和挑战。

(五) 服务能力

在数字经济领域，服务能力也是管理人才不可或缺的能力之一。管理人才需要具备为客户提供优质服务的能力，包括为客户提供高质量的产品和服务、处理客户投诉和反馈等方面。他们需要了解客户的需求和期望，并能够通过数字化技术手段，如社交媒体、在线客服等，与客户进行有效的沟通和互动。此外，管理人才还需要具备团队合作和领导能力，能够带领团队共同为客户提供优质的服务体验。

(六) 自我管理能力

数字经济领域管理人才需要具备出色的自我管理能力，包括时间管理、情绪管理和自我提升能力。他们需要能够合理地安排工作和生活时间，保持高效的工作状态。同时，他们需要具备较强的情绪管理能力，能够应对各种工作压力和挑战。此外，他们需要不断学习和提升自己的知识水平和技能水平，以适应数字化发展的需要。

总之，数字经济领域管理人才需要具备技术能力、业务能力、领导能力、创新能力和自我管理能力等多方面的能力。只有具备这些能力的人才，才能更好地适应和推动数字经济的发展。因此，高校和企业在培养数字经济领域管理人才时，应该注重这些能力的培养和提高，以培养出更多优秀的数字经济领域管理人才。

四、培养数字经济领域管理人才的意义

随着数字经济的快速发展，管理人才的培养显得尤为重要。数字经济是指以数字技术为基础的经济形态，包括电子商务、大数据、人工智能、物联网等领域。数字经济领域管理人才的培养，不仅有助于推动数字经济的发展，而且对于国家经济发展和人才培养具有重要意义。

(一) 有助于推动数字经济的发展

数字经济领域涵盖了众多新兴产业，如电子商务、大数据、人工智能、

物联网等，这些产业的发展需要大量的管理人才来推动。数字经济领域管理人才需要具备数字技术、市场分析、战略规划等方面的知识和能力，能够适应数字经济的快速发展，为数字经济的发展提供有力支持。

（二）有助于提高国家经济的竞争力

数字经济的快速发展，使得各国之间的经济竞争越来越依赖于数字技术的创新能力。数字经济领域管理人才的培养，有助于提高国家在数字技术领域的创新能力，从而增强国家的经济竞争力。

总之，培养数字经济领域管理人才对于推动数字经济的发展、提高国家经济的竞争力、促进人才培养都具有重要意义。政府、企业和社会各界应该共同努力，为数字经济领域管理人才的培养创造良好的环境和条件。

五、培养数字经济领域管理人才的措施

随着数字经济的快速发展，管理人才的需求也在不断增长。为了满足这一需求，我们需要探索培养数字经济领域管理人才的路径，以提升人才的素质和能力，为数字经济的发展提供有力的人才保障。

（一）重视数字化人才的引进

数字经济领域的发展离不开数字化人才的支撑。为了培养和引进数字化人才，我们需要从以下3方面着手。

（1）建立完善的人才引进机制。制定符合数字经济领域特点的人才引进政策，包括从薪酬待遇、福利保障、职业发展等方面，吸引优秀人才加入。

（2）加强与高校、研究机构的合作，建立人才培养基地，培养数字经济领域的专业人才。

（3）积极引进海外优秀人才，尤其是具有国际视野和经验的人才，为数字经济领域的发展注入新的活力。

（二）加强数字化教育和培训

数字化教育和培训是培养数字经济领域管理人才的基础。首先，高校和培训机构应该加强数字化教育的投入，增加数字化课程和相关专业的设

置，提高人才培养的针对性和实效性。其次，可以引入数字化领域的专业人才，开设相关课程和讲座，提高教师和学生的数字化素养和技能水平。最后，可以组织定期的数字化培训和研讨会，鼓励师生参与数字经济的发展和实践中，提升数字化素养和实践能力。

(三) 建立数字化实践基地

建立数字化实践基地是培养数字经济领域管理人才的重要途径。首先，可以与企业合作，建立校企联合培养基地，为学生提供实践机会和岗位实习。通过实践，学生可以更好地了解数字经济的运作模式和发展趋势，提高自身的实践能力和创新能力。其次，可以建立数字化创新创业基地，鼓励学生参与数字经济的创新创业活动，提供技术支持和资源支持，帮助他们实现创业梦想。最后，可以通过参加数字经济的国际交流和合作项目，开阔学生的视野和思路，提高他们的国际化水平和跨文化交流能力。

(四) 优化人才评价机制

为了更好地培养数字经济领域管理人才，需要优化人才评价机制。首先，应该建立多元化的人才评价标准，既包括传统的学术评价标准，也包括实践能力和创新能力等方面的评价标准。其次，可以引入数字化领域的专业评价机构，对人才培养质量和效果进行评估和认证，提高人才培养的质量和水平。最后，可以通过设置奖学金、荣誉证书等激励措施，鼓励学生积极参与数字经济的发展和实践，提高他们的积极性和创造力。

(五) 加强人才流动和交流

加强人才流动和交流是培养数字经济领域管理人才的重要途径之一。首先，可以加强国内各高校、企业之间的合作和交流，建立人才流动机制和信息共享平台，促进人才的交流和合作。其次，可以鼓励学生和教师参加数字经济的国际交流和合作项目，开阔他们的国际视野和跨文化交流能力。最后，可以通过举办数字经济的国际会议和论坛等方式，促进国内外专家学者的交流和互动，为数字经济领域的管理人才培养提供智力支持和技术支持。

(六) 构建新的激励机制

为了激发数字化人才的工作积极性和创新精神，我们需要构建新的激励机制，包括以下4个方面。

(1) 建立科学的绩效评价体系，以数字化指标为核心，对数字化人才的工作成果进行客观、公正的评价，激励他们不断提升自己的能力和水平。

(2) 建立灵活的薪酬体系，根据数字化人才的特点和市场需求，设计具有竞争力的薪酬结构，激发他们的积极性和创造力。

(3) 营造良好的企业文化氛围，加强团队建设，提高数字化人才的归属感和忠诚度。

(4) 提供良好的职业发展机会，鼓励数字化人才不断提升自己的能力和水平，实现个人价值的同时，也为数字经济领域的发展作出贡献。

(七) 构建一个有利于数字经济人才发展的生态系统

我们需要构建一个有利于数字经济人才发展的生态系统。这包括建立一个包容性的社会环境，鼓励和支持数字经济的发展；建立和完善数字基础设施，提供必要的网络和信息技术支持；加强国际合作，共享数字经济发展的经验和教训；鼓励和支持创新和创业精神，为数字经济人才提供更多的发展机会和空间。

(八) 构建适应数字化发展需求的教学实践体系

随着数字经济的迅猛发展，企业对具备数字经济管理经验的复合型人才的需求日益增加。为了满足这一需求，我们需要重新构建适应数字化发展需求的经济管理实践教学体系，培养更多的经济管理人才。

1. 构建以数字素养为核心的教学目标

数字经济领域需要具备数字素养的经济管理人才，他们不仅需要理解数字经济的运行规律，还需要具备数字化决策、管理和创新的能力。因此，我们需要在教学目标中突出数字素养的培养，以提升学生的数字化认知、技能和实践能力。

2.引入案例教学，增强实践应用能力

案例教学是培养经济管理人才的重要手段，它能够让学生在实际案例中理解和运用理论知识，增强实践应用能力。在数字经济领域，我们可以引入一些具有代表性的案例，如数字营销、电子商务、大数据分析等，让学生了解和掌握数字经济的运作模式和规律。

3.加强实践教学环节，提升学生的实践能力

实践教学是培养经济管理人才的关键环节，它能够让学生将理论知识转化为实际操作能力。在数字经济领域，我们可以增加一些实践课程，如数字营销实习、电子商务运营实践等，让学生在实践中学习和掌握数字经济的运作技巧。

4.建立校企联合培养机制，开阔学生视野

校企联合培养是培养经济管理人才的有效途径，它能够让学生了解企业的实际运作情况，开阔学生的视野。在数字经济领域，我们可以与相关企业建立联合培养机制，让学生在实习中了解数字经济的实际运作情况，增强学生的实践能力和就业竞争力。

5.强化师资队伍建设，提升教学质量

师资队伍是培养经济管理人才的关键因素，他们需要具备丰富的理论知识和实践经验。为了提升教学质量，我们需要加强师资队伍建设，引进具有丰富实践经验的教师，同时加强对现有教师的培训和提升。

在数字经济领域，培养经济管理人才需要构建适应数字化发展需求的教学实践体系，包括以数字素养为核心的教学目标、引入案例教学、加强实践教学环节、建立校企联合培养机制以及强化师资队伍建设等措施。通过这些措施的实施，我们可以培养更多具备数字经济管理经验的人才，从而满足社会对数字经济领域人才的需求。

(九) 重构面向数字经济管理的教学内容与方法

1.在专业课程中全面渗透数字素养培养

数字素养是数字经济领域必备的技能，包括数据收集、处理、分析、应用等方面的能力。因此，在专业课程中，应该增加数字素养培养的内容，让学生了解数字经济的本质、特点和发展趋势，掌握数字经济的核心技术和应

用方法。

首先，我们需要将数字素养培养融入专业课程中，通过案例教学、实践操作等方式，让学生了解数字经济的本质和特点，掌握数字经济的核心技术和应用方法。其次，我们可以通过课程设计、实践教学等方式，培养学生的数字思维和数字技能，让他们能够适应数字经济环境。

2. 以数字化为载体，全面激活课程内容

在数字经济时代，经济管理的内容和形式也发生了变化。因此，我们需要以数字化为载体，全面激活课程内容，让学生了解数字经济时代的管理理念、方法和工具，掌握数字经济时代的经济管理规律和特点。

我们需要将数字化技术融入课程中，通过数字化平台、数字化工具等方式，让学生了解数字经济时代的管理理念、方法和工具，掌握数字经济时代的经济管理规律和特点。同时，我们需要注重课程内容的更新和升级，不断引入新的案例和知识，保持课程内容的先进性和实用性。

3. 以能力为本位，开展教材建设

教材是教学的基础，也是培养学生能力的重要工具。因此，我们需要以能力为本位，开展教材建设，注重教材的实用性和可操作性，让学生通过教材的学习和实践，掌握数字经济时代的管理技能和方法。

教材建设是培养数字经济管理人才的重要环节。我们需要根据学生的需求和能力培养目标，编写适合数字经济管理人才培养的教材。在教材编写过程中，我们需要注重教材的实用性和可操作性，同时注重教材的更新和升级，不断引入新的案例和知识。此外，我们需要加强教材的评估和反馈机制，及时调整和优化教材内容。

培养数字经济领域经济管理人才需要从教学内容和方法入手，注重数字素养的培养、数字化技术的应用和能力的提升。通过重构教学内容和方法、加强教材建设等措施，我们可以为数字经济领域培养出更多具备数字素养、能够适应数字经济环境的管理人才。

培养数字经济领域管理人才是数字经济下经济管理的重要措施之一。通过加强数字化教育和培训、建立数字化实践基地、重视数字化人才的引进、加强数字技术的研发和应用等措施，可以提高数字经济领域管理人才的培养质量和效果。同时，数字经济领域管理人才能够为企业带来更多的竞争力和效率，促进企业的数字化转型和创新发展。因此，我们应该重视数字经济领域管理人才的培养和发展，为数字经济下的经济管理提供有力的人才支持。

第二节　创新驱动：提高数字经济的核心竞争力

一、数字经济核心竞争力

（一）数字经济核心竞争力的定义

数字经济核心竞争力是指在数字经济领域中，企业或组织所拥有的，在其特定业务范围内独特的、难以复制和超越的竞争优势。它是一种独特的能力，基于技术、组织、市场和战略等多方面的综合实力，以实现持续的创新和增长。在数字经济中，核心竞争力可能包括但不限于技术研发能力、数据驱动的决策能力、互联网运营能力，以及快速响应市场变化的能力。

（二）数字经济核心竞争力的特点

（1）独特性。数字经济核心竞争力的独特性源于企业或组织的特定历史、文化、资源以及战略选择。这种独特性使得企业在市场中具有难以复制的优势。

（2）难以模仿。由于其独特性，数字经济核心竞争力通常难以被竞争对手模仿。即使竞争对手试图模仿，他们可能也无法复制出相同的效果。

（3）动态性。数字经济核心竞争力并非一成不变，它会随着时间的推移和市场环境的变化而发展。企业需要不断适应和调整，以保持其核心竞争力的领先地位。

（4）价值性。数字经济核心竞争力能帮助企业实现更高的生产效率、更低的成本、更快的响应时间，从而为企业创造更大的价值。

（5）整合性。数字经济核心竞争力通常涉及多方面的综合实力，包括技术、市场、组织、战略等。它需要企业或组织有效地整合这些资源，以实现最大的竞争优势。

在数字经济时代，企业或组织要想取得成功，就必须拥有自己的核心

竞争力。这需要他们不断地创新，不断地适应市场变化，不断地提升自己的综合实力。只有这样，他们才能在激烈的竞争中立于不败之地。

二、数字经济核心竞争力要素：创新

在当今的数字化时代，创新已成为推动经济发展的核心动力。数字经济以其独特的优势，正在全球范围内塑造新的商业模式，其中创新是构建其核心竞争力的关键要素。

（一）创新驱动：数字经济的基础

数字经济是基于互联网、大数据、人工智能等新兴技术发展起来的经济形态，其核心竞争力主要体现在创新。创新不仅是推动数字经济发展的引擎，而且是数字经济的生命线。

首先，技术创新是数字经济的核心驱动力。在数字经济中，技术创新不仅包括硬件设备的更新换代，而且包括软件系统的升级优化，以及数据挖掘、人工智能等前沿技术的应用。这些技术的不断创新和应用，为数字经济提供了强大的动力。

其次，商业模式创新也是数字经济的核心竞争力之一。在数字经济中，企业不再仅仅依赖传统的销售模式，而是通过互联网、大数据、人工智能等技术，创造出新的商业模式，如共享经济、在线教育、远程医疗等，这些新的商业模式不仅提高了效率，还带来了巨大的商业价值。

（二）创新环境：鼓励和支持创新

为了鼓励和支持创新，政府和企业需要创造一个有利于创新的环境。首先，政府需要制定有利于创新的政策法规，如知识产权保护、税收优惠等，为创新提供法律和政策保障。其次，企业需要建立创新文化，鼓励员工提出新的想法和创意，并为他们提供足够的资源和支持，让他们能够将创意转化为实际的产品或服务。

（三）创新人才：数字经济的核心资源

在数字经济中，人才是创新的源泉。企业需要拥有具备创新思维和技能的员工，他们能够适应快速变化的市场环境，不断探索新的商业模式和技术应用。此外，高校和研究机构需要培养更多的创新型人才，为数字经济的发展提供源源不断的人才支持。

随着数字技术的飞速发展，数字经济已经成为全球经济的重要组成部分。在这个快速变化的时代，企业的核心竞争力已经成为决定其生存和发展的关键因素。创新是数字经济核心竞争力的基石。在数字经济中，创新是推动企业发展的关键动力。

三、创新驱动提高数字经济的核心竞争力的新视角——经济管理

随着信息技术的快速发展，数字经济已经成为全球经济的重要组成部分。然而，在数字经济快速发展的同时，也面临着诸多挑战和问题。为了提高数字经济的核心竞争力，经济管理创新显得尤为重要。本书将从以下 5 方面探讨经济管理创新如何提高数字经济的核心竞争力。

(一) 管理理念创新

管理理念的创新是经济管理创新的基础。在数字经济时代，传统的企业管理理念已经无法适应新的经济环境，需要从数字化、网络化、智能化等方面出发，构建新的管理理念。具体来说，需要注重数据驱动决策、网络化协同、智能化服务等理念，以适应数字经济的快速发展。同时，需要注重企业与外部环境的互动，以实现企业与外部环境的协同发展。

(二) 组织结构创新

组织结构的创新是经济管理创新的重要内容。在数字经济时代，传统的组织结构已经无法适应新的经济环境，需要从扁平化、网络化、柔性化等方面出发，构建新的组织结构。具体来说，需要注重企业内部的信息共享和协作，建立灵活的、可扩展的组织结构，以提高企业的竞争力。同时，需要注重员工的参与和创新能力，建立以员工为中心的组织结构，以提高员工的积极性和创造力。

(三) 管理方法创新

管理方法的创新是经济管理创新的关键。在数字经济时代，需要运用数字化、网络化、智能化等技术手段，提高管理效率和管理质量。具体来说，需要注重数据分析和挖掘技术的应用，建立数据驱动的管理模式，以提高决策的准确性和有效性。同时，需要注重人工智能、云计算等技术的应用，提高企业的智能化水平，实现企业与外部环境的智能化互动。

(四) 政策支持与创新环境的营造

政府应该制定有利于数字经济创新发展的政策，为数字经济提供良好的发展环境。这包括加大对数字经济的投入，支持数字经济创新创业，加强数字经济的国际合作，为数字经济提供良好的税收政策等。此外，政府应该加强监管，确保数字经济的公平竞争和健康发展。

(五) 加强数字经济的产业融合与创新

数字经济与传统产业之间的融合与创新是提高数字经济的核心竞争力的重要途径。通过加强数字经济的产业融合与创新，可以促进传统产业与数字经济的协同发展，提高产业的整体竞争力。同时，可以促进数字经济的创新发展，推动数字经济的转型升级。

总之，经济管理创新是提高数字经济的核心竞争力的重要途径。通过政策支持、产业融合与创新等方面的创新，可以促进数字经济的健康发展，提高数字经济的核心竞争力。未来，随着信息技术的不断发展，数字经济将会成为全球经济的重要组成部分，经济管理创新也将面临更多的机遇和挑战。因此，我们需要不断探索和创新，以适应数字经济时代的发展需要。

第三节　风险防范：加强数字经济的风险评估和预警

随着数字经济的快速发展，它已经成为现代经济的重要组成部分。与此同时，数字经济也面临着许多风险和挑战。为了更好地管理这些风险，加强数字经济风险评估和预警是至关重要的。本书将探讨如何通过经济管理加强数字经济风险评估和预警的路径。

一、数字经济风险：复杂、虚拟与群体化的挑战

(一) 数字经济风险的定义

数字经济风险是指在数字经济领域中，由于各种不确定性因素，如技术、市场、政策等，导致经济主体在获取利益的同时面临损失的可能性。这种风险可能来自技术故障、网络攻击、数据泄露、法规变动、市场竞争等方面。

(二) 数字经济风险的特点

1. 风险种类的复杂化

随着数字经济的快速发展，风险种类日益多样化，且相互交织，增加了识别和管理的难度。

随着数字经济的深入发展，各种新型风险不断涌现，如数据泄露、网络攻击、算法偏见等。这些新型风险不仅影响企业的运营，还可能对整个社会经济造成重大影响。

2. 风险因素的虚拟化

风险因素常以数字化的形式存在，如数据泄露、网络攻击等，使得风险评估和防范变得更加复杂。

虚拟化成为风险的重要特征。网络环境下的风险因素，如数据泄露、黑客攻击等，已经超越了物理空间的限制，成为威胁企业和社会的重要因素。

3. 风险转嫁的群体化

在数字经济环境下，风险不再仅仅是个体或企业的问题，而是群体问题，涉及范围广泛，需要各方共同应对。

在数字经济中，企业间的合作关系越来越紧密，这种关系不仅带来了合作利益，还增加了风险的转嫁可能性。一旦某一环节出现问题，整个产业

链都可能波及，风险的群体性特征越发明显[①]。

4.风险信息的不对称

在数字经济的背景下，信息传播速度极快，但也导致了信息的不对称。由于信息的快速流动，使得某些风险因素可能在未被充分认知的情况下就发生了，增加了风险识别的难度。

面对这些挑战，我们需要建立完善的风险管理体系，包括风险识别、评估、防范和应对等多个环节。同时，我们需要加强数字素养教育，提高公众对数字经济的认知和理解，以更好地应对数字经济带来的风险。此外，我们还需要加强法律法规的建设和完善，为数字经济提供良好的法律环境。

总的来说，数字经济风险是一个复杂而重要的问题，我们需要以全面、系统、科学的态度来对待。只有通过深入研究和积极应对，才能更好地应对数字经济带来的风险，推动数字经济的健康发展。

二、数字经济风险评估与预警的四个阶段

(一)风险识别阶段

在数字经济风险评估与预警的流程中，风险识别是首要且关键的一步。在数字经济的环境中，企业需要持续地关注可能影响其业务的各种风险因素，包括但不限于网络安全风险、数据泄露风险、系统故障风险、法规遵从风险等。这些风险因素可能来自技术、市场、环境等方面，因此，企业需要建立一套全面的风险识别机制，以便及时发现并记录可能存在的风险。

(二)风险评估阶段

在识别出可能存在的风险后，企业需要对这些风险进行评估。这一阶段主要关注的是风险发生的可能性以及其对业务可能产生的负面影响。评估的方式可以通过定量和定性两种方式进行，根据数据的可靠性和可得性进行调整。在评估过程中，企业需要考虑各种可能的风险因素，如风险发生的概率、影响的范围、可能的损失等。

---

① 唐晓彬，何桂烨，耿蕴洁.数字经济风险现象、形成机制研究综述[J].调研世界，2024(1)：89-96.

(三) 风险预警阶段

经过风险评估后，企业需要制定相应的预警机制，以便在风险发生前就发出警告。预警机制应该包括对可能的风险因素进行持续的监控，以及对潜在风险的预警信号进行识别。此外，预警机制还需要包括一套应对风险的策略，以便在风险发生时能够迅速采取行动。预警机制的实施需要依赖于强大的数据分析和监控技术，以及一支专业的风险管理团队。

(四) 风险应对阶段

在风险预警阶段，当企业发现可能存在的风险正在发生或者即将发生时，就需要采取相应的应对措施。这可能包括修改策略、加强内部控制、增加安全措施、寻求法律援助等。在这个阶段，企业需要与风险管理团队紧密合作，共同制定并执行应对策略。此外，企业需要定期回顾和更新应对策略，以确保能够有效地应对不断变化的风险环境。

总的来说，数字经济的风险评估与预警是一个持续的过程，需要不断地识别、评估、预警和应对新的和不断变化的风险。只有通过全面、系统的方法，企业才能确保在数字经济的浪潮中稳健前行。

三、建立健全的数字经济风险评估体系

随着数字经济的快速发展，它已经成为现代经济的重要组成部分。与此同时，数字经济的风险也日益凸显。为了应对这一挑战，建立健全的数字经济风险评估体系显得尤为重要。本书将探讨如何构建这一体系，以及如何利用这一体系来提高经济管理的有效性。

(一) 构建数字经济风险评估体系的步骤

随着数字经济的快速发展，其带来的风险和挑战也日益凸显。为了有效应对这些风险，构建数字经济风险评估体系已成为经济管理的关键任务。构建数字经济风险评估体系的步骤如下。

1.明确评估目标

首先，我们需要明确数字经济风险评估的目标。这个目标包括识别和

评估潜在的数字风险，如数据泄露、网络攻击、供应链中断等，以便及时采取应对措施。此外，评估目标应包括对数字经济发展潜力的评估，以便在风险和机遇之间取得平衡。

2. 确定评估范围

在构建数字经济风险评估体系时，我们需要确定评估范围。这包括但不限于：对数字经济的各个领域（如电子商务、移动支付、大数据分析等）进行评估；考虑不同行业（如金融、制造业、物流等）的数字风险；以及考虑企业、政府和社会层面的数字风险。

3. 制定评估标准

为了确保评估的准确性和有效性，我们需要制定一套全面的评估标准。这些标准应该基于行业最佳实践和现有的法律法规，以确保评估结果符合相关要求。此外，评估标准应包括定性标准和定量标准，以便全面了解数字经济的风险状况。

4. 建立评估团队

为了有效执行数字经济风险评估，我们需要建立一个专业的评估团队。这个团队应该包括具有相关领域知识和经验的专业人士，如网络安全专家、数据分析师、风险管理专家等。此外，团队成员应具备沟通和协作能力，以确保评估工作的顺利进行。

总的来说，构建数字经济风险评估体系是一个复杂而重要的任务。它需要明确目标、确定范围、制定标准并组建一个专业的评估团队。只有这样，我们才能确保评估工作的准确性和有效性，从而为数字经济的管理提供有力支持。

此外，为了使数字经济风险评估体系更加完善，我们需定期更新和调整评估标准，以适应不断变化的数字环境。同时，加强公众对数字风险的认知教育，提高公众对网络安全和隐私保护的意识也是至关重要的。政府和企业应积极参与风险防控工作，共同构建一个安全、健康的数字环境。

在数字经济时代，风险管理已成为企业成功的关键因素之一。通过构建和完善数字经济风险评估体系，我们不仅可以提高企业的竞争力，还可以为整个社会的经济发展创造一个更加稳定和繁荣的环境。因此，我们应高度重视这一领域的挑战和机遇，积极应对，以实现经济的可持续发展。

（二）提升数字经济风险评估体系实用性的策略

1. 明确风险评估目标

风险评估体系的目标应该是全面、准确、及时地识别和评估数字经济中的风险，包括但不限于网络安全、数据泄露、欺诈行为等。明确目标有助于评估体系更好地服务于企业和政府，确保数字经济的安全和稳定。

2. 加强数据保护

数据保护是数字经济风险评估的重要方面。应加强数据安全保护措施，如加密技术、访问控制等，以确保数据不被非法获取和使用。同时，应建立数据备份和恢复机制，以应对数据丢失和损坏的风险。

3. 提高评估人员素质

评估人员的专业素质直接影响风险评估的准确性和有效性。因此，应加强对评估人员的培训，提高他们的专业知识和技能，使其能够更好地识别和评估数字经济中的风险。此外，评估人员应具备敏锐的洞察力和分析能力，以便及时发现潜在风险。

4. 建立风险预警机制

建立风险预警机制有助于及时发现和应对潜在风险。通过收集和分析相关数据，建立风险预警模型，可以预测和评估潜在风险的发生概率和影响程度。同时，预警机制应与应急预案相结合，确保在风险发生时能够迅速采取应对措施。

5. 优化评估流程和方法

评估流程和方法直接影响风险评估的效率和准确性。应根据实际情况，优化评估流程和方法，如采用先进的算法和技术，提高风险评估的准确性和效率。此外，应考虑采用多元化的评估方法，如定量和定性相结合的方法，以适应不同类型和规模的企业和政府的需求。

6. 加强国际合作与交流

数字经济风险的跨国性要求加强国际合作与交流。应积极参与国际数字经济风险评估标准和规范的制定和实施，分享经验和最佳实践，共同应对数字经济中的风险。此外，应加强与其他国家和地区的风险评估机构的合作与交流，共同应对跨国风险。

综上所述，提升数字经济风险评估体系实用性的策略包括明确风险评估目标、加强数据保护、提高评估人员素质、建立风险预警机制、优化评估流程和方法以及加强国际合作与交流。这些策略有助于提高数字经济风险评估体系的实用性和有效性，保障数字经济的安全和稳定。

(三) 数字经济风险评估体系的应用效果

（1）提高风险管理水平。数字经济风险评估体系能够提供全面、客观的风险评估结果，帮助企业及时发现和应对潜在风险，提高风险管理水平。

（2）优化资源配置。通过评估数字经济中的各种风险，企业可以更好地配置资源，优化资源配置结构，提高经济效益。

（3）促进数字经济发展。数字经济风险评估体系有助于推动数字经济的健康发展，为数字经济的可持续发展提供有力保障。

建立健全的数字经济风险评估体系是现代经济管理的重要任务之一。通过明确评估目标、确定评估范围、制定评估标准、建立评估团队等措施，构建一个全面、客观、实用的数字经济风险评估体系。同时，建立风险预警机制、加强数据安全保护和定期评估与更新也是提高数字经济风险评估体系实用性的重要手段。通过这些措施的应用，可以提高风险管理水平，优化资源配置，促进数字经济的发展。未来，随着数字经济的不断发展和变化，我们还需要不断完善和更新数字经济风险评估体系，以适应不断变化的数字经济发展环境。

四、构建数字经济的预警机制

随着数字经济的快速发展，我们正在经历一场前所未有的变革。然而，这也带来了一系列新的挑战，其中最为明显的是如何有效管理数字经济所带来的风险。因此，构建数字经济预警机制，已成为经济管理中的一项重要任务。

(一) 数字经济预警机制

数字经济预警机制是一个复杂而关键的系统，它主要负责监测、分析和预测数字经济中的各种风险，以便我们能够及时采取相应的措施，避免或减轻可能的损失。预警机制的目标是提供一个全面的、动态的、持续的风险评估框架，以便我们能及时发现和应对数字经济中的风险。数字经济的预警机制包括对潜在风险的监测、分析和预警等功能。在监测方面，应该关注数字经济的运行情况，及时发现异常数据和趋势；在分析方面，应该运用各种统计和预测方法，深入分析数据背后的规律和趋势；在预警方面，应该根据分析结果，提前发出警告，并及时采取相应的措施来应对潜在风险。

(二) 建立数字经济风险预警机制的策略

随着数字经济的快速发展，风险也随之而来。为了应对这些挑战，建立数字经济风险预警机制至关重要。本书将探讨如何完善数字经济风险预警制度、建立数字经济风险预警模型、优化数字经济风险预警平台功能、加强国际合作与交流以及提升公众认知与参与。

1. 完善数字经济风险预警制度

建立健全的数字经济风险预警制度是至关重要的。这需要建立一套全面、科学的风险评估体系，主要涵盖政策法规、网络安全、数据保护、消费者权益等方面。同时，需要设立专门的风险管理部门，负责监测、评估和应对各类风险。此外，应定期进行风险评估和审计，以确保制度的持续有效性和适应性。

2. 建立数字经济风险预警模型

建立数字经济风险预警模型是建立风险预警机制的关键环节。通过运用大数据、人工智能等技术手段，构建风险识别、分析、预警和应对的智能化模型。模型应涵盖各种可能的风险因素，如技术漏洞、数据泄露、欺诈行为等，并定期进行模型更新和优化，以提高预警的准确性和及时性。

3. 优化数字经济风险预警平台功能

为了提高风险预警的效率和效果，需要优化数字经济风险预警平台的功能。平台应具备数据收集、处理、分析和可视化等功能，能够实时监测数字经济环境中的各类风险。同时，平台应提供便捷的报告和预警功能，以便及时通知相关部门和人员采取应对措施。此外，平台应具备用户管理和权限设置功能，确保信息安全和数据隐私。

4. 加强国际合作与交流

在数字经济风险预警机制的建设过程中，加强国际合作与交流是不可或缺的一环。通过与国际组织、其他国家或地区的风险管理部门建立合作关系，分享经验、技术和最佳实践，共同应对数字经济领域的风险和挑战。此外，通过积极参与国际标准制定和政策协调，推动全球范围内的数字经济风险监管合作，为数字经济的健康发展营造良好的环境。

5. 提升公众认知与参与

数字经济的快速发展带来了诸多风险和问题，但公众往往对此知之甚少。因此，加强公众对数字经济的认知和参与是风险预警机制的重要一环。政府应通过宣传教育、普及数字素养等方式，提高公众对数字经济的认知水平，增强其对数字风险的防范意识和应对能力。此外，鼓励公众参与数字经济风险监管，通过公开透明的方式加强公众对风险预警机制的监督和反馈，共同维护数字经济的健康发展。

构建数字经济风险预警机制是应对数字经济发展中各类风险的关键举措。通过完善数字经济风险预警制度、建立数字经济风险预警模型以及优化数字经济风险预警平台功能，能够提高风险预警的准确性和及时性，为数字经济的健康发展保驾护航。同时，加强国际合作与交流，提升公众认知与参与，将有助于形成全方位、多层次的数字经济风险预警体系。

第四节　监管体系：确保市场秩序和公平竞争

随着数字经济的飞速发展，全球各国正面临一个共同的挑战，那就是如何确保数字经济市场的秩序和公平竞争。在这个时代，数字经济不仅改变了许多行业的基础结构，还创造了大量的就业机会，推动了全球经济的发展。与此同时，也出现了许多新的问题，如数据泄露、网络欺诈、不公平竞争等。因此，我们需要构建一个有效的数字经济监管体系，以保护消费者权益，维护市场秩序，并促进公平竞争。

一、数字经济监管体系的特征

随着科技的飞速发展，数字经济已经成为全球经济增长的重要引擎。与此同时，数字经济的快速发展也带来了一系列挑战，其中最显著的就是监管问题。在数字经济的背景下，监管体系的构建与完善成为一种迫切的需求。这种新的监管体系必须适应数字化和信息化的特性，需要关注数据的运用、平台的作用、人工智能的介入以及动态的管理机制。

(一) 数据化

在数字经济中，数据成为新的货币。由于数据量大、信息价值高，对数据的监管就显得尤为重要。数据化的监管体系首先要保证数据的合法性、合规性和安全性。监管机构需要制定严格的数据管理法规，对数据的收集、使用、共享和删除进行严格的监管，确保数据的合规使用和安全保护。

(二) 平台化

平台化是数字经济的一个重要特征。平台为各种经济活动提供了广阔的空间，其也成为数据流动的主要载体。因此，平台化的监管体系需要重点关注平台的行为规范和信息安全。一方面，需要制定严格的平台规则，防止不正当竞争和垄断行为；另一方面，需要强化平台的数据安全责任，确保用户数据的安全。

(三) 智慧化

在数字经济中，人工智能和大数据技术被广泛应用于各种业务场景，推动了经济的智慧化发展。智慧化的监管体系需要适应这一变化，利用人工智能和大数据技术进行监管创新。通过建立智能化的监管系统，可以实时监测和分析市场动态，提高监管效率，也可以减少人为干预的误差和主观性。

(四) 动态化

在数字经济中，市场环境是动态变化的，这就要求监管体系具有动态化的特征。监管机构需要实时关注市场变化，调整监管策略，以适应不断变

化的市场环境。同时，需要建立灵活的应急机制，对突发事件和风险进行快速响应和处理。

数字经济的监管体系需要具备数据化、平台化、智慧化和动态化的特征。这样的监管体系才能适应数字经济的环境，既能保证市场的公平竞争和数据的安全，又能有效地应对市场的动态变化。在未来，随着数字经济的深入发展，这种监管体系的角色将会更加重要。只有建立和完善了这样的监管体系，我们才能确保数字经济的健康发展，进而为社会带来更多的利益和机遇。

二、监管体系构建的重要性

随着数字技术的快速发展，数字经济已成为全球经济的重要组成部分。然而，随之而来的挑战和风险也不容忽视。特别是在数字经济领域，建立一套健全的监管体系，对保障数据安全、保护消费者权益、防止市场混乱、推动公平竞争等方面至关重要。

(一) 保障数据安全

数字经济依赖于数据流动和存储。这些数据的价值和敏感性日益提高，涉及的个人隐私、商业秘密和国家安全等问题也越来越多。没有完善的监管体系，很难保证数据的完整性和安全性，甚至可能引发数据泄露和滥用等严重问题。因此，监管机构需要制定严格的法规，确保数据在收集、存储、使用和处理过程中符合法律规定和道德标准。

(二) 保护消费者权益

在数字经济中，消费者权益的保护尤为重要。由于网络交易的虚拟性和匿名性，消费者可能面临欺诈、虚假宣传、售后服务无保障等问题。因此，监管机构需要制定相关法规，明确平台和商家的责任和义务，确保消费者权益得到充分保护。同时，监管机构需要加强对数字货币、虚拟货币等新型支付方式的监管，防止非法交易和洗钱行为的发生。

(三) 防止市场混乱

在数字经济中，市场秩序的维护同样重要。如果没有有效的监管体系，可能会引发不公平竞争、市场垄断等问题，导致市场秩序混乱。因此，监管机构需要制定公平竞争规则，确保市场主体的公平竞争环境，防止权力滥用和市场垄断现象的出现。同时，需要加强对新兴数字市场的监管，防止市场泡沫和过度投机行为的发生。

(四) 推动公平竞争

数字经济时代，公平竞争是推动经济发展的关键。没有完善的监管体系，可能会引发数字鸿沟、数字歧视等问题，影响公平竞争的实现。因此，监管机构需要制定相关法规，确保数字经济的公平竞争环境，防止数字鸿沟的扩大和数字歧视的出现。同时，需要加强对新兴技术的监管，确保新技术的发展符合社会公共利益和人类道德标准。

总的来说，数字经济监管体系的重要性不言而喻。建立和完善这一体系需要政府、企业和社会各界的共同努力，共同推动数字经济的健康发展。唯有如此，我们才能更好地应对数字经济带来的挑战和风险，实现经济社会的可持续发展。

三、监管体系的实施

(一) 建立完善的法律法规

首先，我们需要建立一套全面的、针对数字经济的法律法规。这包括《数据保护法》《消费者权益保护法》《反垄断法》等。这些法律应明确规定数字经济的参与者和监管机构的权利和责任，以确保公平竞争和市场秩序。

其次，我们需要建立有效的执法机制。在数字经济领域，执法难度较大，因为网络犯罪往往具有跨国性、隐蔽性和技术性等特点。因此，我们需要加强国际合作，共享数据和信息，以提高打击网络犯罪的效率。此外，我们需加大对违法行为的处罚力度，以提高网络犯罪的成本。

最后，我们需要制定明确的数字经济发展战略和指导原则。这些战略和指导原则应考虑数字经济的特殊性质，包括信息传播速度、消费者行为变化、技术进步等因素。同时，这些战略和指导原则应明确数字经济的发展方向，如促进创新、保护消费者权益、维护市场秩序等。

(二) 加强数据和隐私保护

随着数字经济的飞速发展，我们的社会已经深深地嵌入这个全球性的信息网络中。然而，随着这一变化，也带来了许多新的挑战，尤其是如何确保市场的秩序和公平竞争，以及如何保护数据和隐私。本书将探讨如何通过建立严格的监管体系来应对这些挑战。

1. 确保市场秩序和公平竞争

为了维护市场的秩序和公平竞争，我们需要建立一套全面的监管体系。首先，我们需要制定明确的规则，以确保所有参与者都遵守游戏规则。这包括对市场行为的监管、防止不正当竞争，以及对市场失序的干预。其次，我们需要建立公正的投诉和申诉机制，以便消费者和企业能够及时反馈问题，得到公正的解决。

2. 建立严格的数据管理制度

在数字经济中，数据和隐私的保护至关重要。因此，我们需要建立严格的数据管理制度，确保数据的收集、使用和传输都符合法律法规的要求。任何涉及用户数据的行为都必须经过用户的明确同意，并且在使用后必须及时删除或匿名化，以防止数据泄露。

3. 鼓励企业采用先进的数据加密技术，提高数据的安全性

为了保护数据的安全，企业应该积极采用先进的数据加密技术。这些技术能够有效地防止数据被未经授权者访问或盗取。此外，政府可以通过提供财政激励，鼓励企业采用这些技术。

4. 加强数据保护和隐私权的教育

除了技术层面的保护，我们还需要提高公众对数据保护和隐私权的认识。通过开展广泛的教育活动，让公众了解自己的权利，并学会如何保护自己的数据和隐私。此外，教育公众识别和处理数据泄露、隐私侵犯事件的方法也非常重要。加强公众对数据保护和隐私权的意识教育，还可以减少滥用

数据和侵犯隐私的情况。

总的来说，为了确保数字经济的健康发展，我们需要建立一套全面的监管体系，包括确保市场秩序和公平竞争、加强数据和隐私保护等方面。只有在这样的监管环境下，我们才能确保消费者的权益得到保护，市场的公平竞争得到维护，数字经济的发展才能健康、可持续。

(三) 促进透明度和信息披露

在数字经济中，透明度和信息披露是维护市场秩序和公平竞争的关键。

透明度和信息披露是确保市场公平和秩序的关键因素。首先，透明度的提高有助于消费者更好地理解数字经济的运作方式，进而增强其对市场的信任。其次，透明度有助于防止欺诈和滥用，保护消费者权益。为此，监管机构应推动数字平台公开更多的运营数据，包括用户数据、交易数据和财务数据等。最后，应制定相关的数据保护和隐私法规，以确保个人信息的合法使用和保护。

企业应公开披露所有相关的信息，包括产品价格、质量、性能等。同时，监管机构应定期发布有关市场状况的报告，以便公众了解市场的真实情况。

监管机构应要求企业公开其业务运营、财务状况、数据使用等方面的信息，以便公众了解其业务活动。这有助于减少信息不对称，增强公众对市场的信任。

监管机构应建立有效的信息反馈机制，以便及时发现和处理问题。此外，监管机构应鼓励企业之间的信息共享和合作，以促进整个行业的透明度和公平竞争。

(四) 加强监管机构间的合作

数字经济的跨部门、跨地域特性要求我们加强监管机构间的合作。当前，数字经济领域的监管政策往往由多个部门共同制定，而各部门的职责划分和沟通协调常常存在问题。因此，建立有效的跨部门和跨地区合作机制至关重要。通过共享数据、共享知识、共同制定政策等方式，我们可以更好地应对数字经济带来的挑战。此外，各国政府应加强国际合作，共同应对跨境数字平台的不公平竞争和数据跨境流动等问题。

(五) 制定公平竞争原则

公平竞争是市场秩序的基石。在数字经济领域，应制定公平竞争原则，明确禁止不正当竞争行为，如虚假宣传、价格欺诈、恶意屏蔽等。同时，监管机构应加强对数字平台的反垄断执法，防止平台利用数据和算法优势损害消费者利益和市场公平。

在数字经济领域，制定公平竞争原则，要求所有的市场参与者都应遵守相同的规则，不允许任何形式的垄断或滥用市场力量。同时，监管机构应加强对市场行为的监管，对违反公平竞争的行为进行严厉打击。

(六) 鼓励创新和包容性监管

数字经济是创新驱动的产业，鼓励创新是监管的重要目标。包容性监管是指在监管过程中，考虑到数字经济的特殊性，对新兴技术、商业模式等给予一定的容忍度。这样的监管方式有助于推动新技术的研发和应用，为经济发展注入新的活力。为了实现这一目标，监管机构需要灵活调整监管政策，鼓励企业探索新的商业模式和技术应用。

(七) 加强公众参与舆论监督

公众是数字经济的重要参与者和受益者，因此公众对数字经济的监管应该有更大的发言权。监管机构应该建立公开透明的信息披露机制，及时向公众传达监管政策、法规的制定和执行情况。同时，公众应该积极参与舆论监督，对违反市场秩序、损害消费者利益的行为进行举报和投诉。

此外，为了确保数字经济市场的公平竞争，需要加强与其他国家和地区在数字经济领域的合作与交流。通过共同制定国际规则，推动全球数字经济的健康发展。

总之，构建一个有效的数字经济监管体系对于确保市场秩序和公平竞争至关重要。通过建立完善的法律法规、加强数据保护和隐私权、促进透明度和信息披露、强化消费者权益保护、建立有效的监管协调机制以及加强国际合作等措施，我们可以为数字经济的健康发展创造一个良好的环境。

第三章
数字经济下经济管理措施的实施

第一节　构建数字化管理平台

随着科技的飞速发展，数字化已经渗透到我们生活的方方面面，包括经济管理。数字化经济管理平台正逐渐成为企业管理的关键工具，它通过创新的技术手段，为企业提供了一个高效、精确、实时的管理平台，帮助企业实现更有效的资源分配和决策制定。

一、数字化经济管理平台的特点

在当今的数字化时代，经济管理平台正在逐步成为企业提升管理效率、优化资源配置的关键工具。这种平台以数据驱动为基础，提供了一种全新的管理模式，其主要特点如下。

(一) 智能化数据分析

数字化经济管理平台的核心优势之一是强大的数据分析能力。它能够实时收集并处理大量的数据，通过算法和模型进行深度挖掘和预测，为企业提供精准的决策依据。此外，平台还能根据历史数据和业务规则，自动生成各类报表和报告，大大减少了人工干预的环节，提高了管理效率。

(二) 实时监控与预警

数字化经济管理平台能够实时监控企业的各项财务指标，如收入、支出、库存等，一旦出现异常情况，系统就会立即发出预警，帮助企业及时发现潜在风险。这种实时监控和预警功能极大地提高了企业的风险防范能力，减少了不必要的损失。

(三) 自动化流程

数字化经济管理平台通过引入自动化技术，实现了许多传统管理方式难以实现的操作。例如，平台能够自动处理财务单据、核对账目、生成凭证等烦琐的流程，极大地减轻了财务人员的工作负担。此外，平台能与其他系统无缝对接，实现了业务流程的自动化，提高了企业的整体运营效率。

(四) 用户友好性

数字化经济管理平台的设计充分考虑了用户的使用体验。平台界面简洁明了，操作流程简单易懂，即使是新手用户也能快速上手。此外，平台提供了丰富的培训资源和文档支持，帮助用户更好地理解和使用平台。

(五) 数据安全与隐私保护

数字化经济管理平台非常重视数据安全和隐私保护。平台采用了先进的加密技术，确保数据在传输和存储过程中不被窃取或篡改。此外，平台建立了严格的数据管理制度，以确保数据的安全性和完整性。

(六) 多维度管理

数字化经济管理平台提供了丰富的维度，使企业能够从多个角度对财务数据进行管理。例如，平台可以根据部门、项目、客户等维度进行数据分析，为企业提供更细致、更精准的管理视角。此外，平台能根据不同的管理需求，提供个性化的报表和报告，满足企业不同层次的管理需求。

(七) 规范管理

数字化经济管理平台首先带来的就是规范化管理。在这个平台上，所有的经济活动都可以被记录、分析和汇总，从而形成一个清晰、透明的管理系统。通过系统内的规则设定，所有操作都能按照预设的标准进行，减少了人为因素的干扰，使得管理更加公正、公平。此外，通过数据的自动收集和整理，可以快速、准确地反映企业的经济状况，帮助管理层作出及时、准确的决策[①]。

(八) 严格管理

数字化经济管理平台的严格管理体现在其强大的数据监控和预警功能上。系统可以实时监控各项经济指标，一旦出现异常，系统会立即发出警告，提醒管理人员及时处理。这种预警机制可以帮助企业避免潜在的风险，确保经济活动的合规性。此外，数字化经济管理平台可以通过对历史数据的分析，预测未来的经济走势，为企业制定战略提供了有力的数据支持。

(九) 易于使用

数字化经济管理平台的设计理念是以用户为中心，因此非常易于使用。平台界面简洁明了，操作流程简单易懂，即使非专业人士也能快速上手。此外，平台还提供了丰富的功能模块和自定义选项，用户可以根据自己的需求进行灵活配置，从而实现个性化管理。这大大降低了企业培训成本和时间成本，使得更多的人可以参与到经济管理中来。

(十) 兼容性强

数字化经济管理平台具有极高的兼容性，能够与企业现有的信息系统无缝对接，实现了数据共享和业务协同。这意味着企业无须大规模改造现有系统，就能享受到数字化带来的便利。此外，平台能与其他第三方软件进行集成，扩展其功能和应用范围，满足企业不断变化的需求。

总之，数字化经济管理平台为企业提供了全新的管理模式，有助于提升企业的管理效率、优化资源配置、降低风险，是企业数字化转型的重要工具。同时，随着技术的不断进步和应用场景的不断丰富，数字化经济管理平台将在未来发挥更大的作用。

二、数字化经济管理平台的重要性

随着科技的飞速发展，数字化已经深入我们生活的方方面面，包括经济管理。数字化经济管理平台的重要性不言而喻，它不仅改变了我们处理财

---

① 孟向东. 医院数字化经济管理平台的研究与应用 [J]. 经济师，2014(10)：254.

务信息的方式，更在提升企业运营效率、优化决策制定、降低风险等方面起到了关键作用。

（一）提升运营效率

数字化经济管理平台通过自动化和智能化的工具，极大地提升了企业的运营效率。例如，通过大数据分析和人工智能技术，平台可以实时监控和分析财务数据，帮助企业快速识别潜在问题，及时调整策略，从而降低运营风险。此外，数字化平台还能提供精确的预算和支出管理，确保资金的有效利用。

（二）优化决策制定

数字化经济管理平台为决策者提供了强大的数据支持。通过平台，企业可以实时获取全面的财务信息，包括收入、支出、资产、负债等各方面的数据。这些数据经过分析，可以为企业提供有价值的洞察，帮助决策者作出更明智的决策。此外，数字化平台还能提供预测性分析，帮助企业预见未来的发展趋势，从而更好地应对市场变化。

（三）降低成本

数字化经济管理平台可以通过自动化和优化流程，降低企业的成本。例如，平台可以自动处理日常的财务事务，如账单支付、发票处理等，从而减少了人工干预、降低了错误率。此外，平台可以通过数据分析，为企业提供更有效的成本控制策略，进一步降低成本。

（四）提高风险管理能力

数字化经济管理平台通过实时监控和分析财务数据，提高了企业的风险管理能力。平台可以及时发现潜在的问题，并给出解决方案，从而减少了企业的损失。此外，平台还能提供风险预警系统，帮助企业提前做好应对措施，降低风险发生的可能性。

总的来说，数字化经济管理平台在提升企业运营效率、优化决策制定、降低成本和风险管理等方面发挥着重要作用。它不仅改变了我们处理财务信息的方式，更推动了企业向更高效、更智能的方向发展。因此，企业应积极引入数字化经济管理平台，以适应日益复杂多变的市场环境，提高自身的竞争力。

三、数字化经济管理平台组成模块

数字化经济管理平台主要由以下 6 个模块组成。

(一) 财务模块

财务模块是数字化经济管理平台的核心模块之一，它将为企业提供全面的财务管理功能，包括财务报告、预算编制、资金管理、成本控制等。该模块将采用先进的数字化技术，实现财务数据的实时采集、分析和展示，帮助企业更好地掌握财务状况，作出更加科学、准确的决策。此外，该模块将提供丰富的财务分析工具，帮助企业更好地理解财务数据背后的业务逻辑和趋势，为企业的发展提供有力的支持。

(二) 供应链模块

供应链模块将涵盖采购、库存、物流和供应商管理等多个环节，为企业提供全面的供应链管理功能。该模块将采用先进的数字化技术，实现供应链数据的实时采集、分析和优化，帮助企业更好地掌握供应链状况，提高供应链的稳定性和效率。此外，该模块将提供丰富的供应链分析工具，帮助企业更好地理解供应链的"瓶颈"和潜在风险，为企业的发展提供有力的支持。

(三) 生产运营模块

生产运营模块将涵盖生产计划、生产执行、质量管理和设备管理等多个环节，为企业提供全面的生产运营管理功能。该模块将采用先进的数字化技术，实现生产数据的实时采集、分析和优化，帮助企业更好地掌握生产状况，提高生产效率和产品质量。此外，该模块将提供丰富的生产运营分析工具，帮助企业更好地理解生产过程中的问题和"瓶颈"，为企业的发展提供有力的支持。

（四）人力资源管理模块

人力资源管理模块将涵盖招聘、培训、绩效管理和员工福利等多个环节，为企业提供全面的人力资源管理功能。该模块将采用数字化技术，实现人力资源数据的实时采集、分析和展示，帮助企业更好地掌握人力资源状况、优化人力资源配置。此外，该模块将提供丰富的人力资源分析工具，帮助企业更好地了解员工需求和潜力，为员工发展提供有力的支持。

（五）数据分析模块

数据分析模块是数字化经济管理平台的核心模块之一，主要负责收集、处理、分析和呈现数据。该模块通过各种数据源（如企业 ERP 系统、CRM 系统、市场数据等）获取数据，利用大数据技术（如数据挖掘、机器学习等）对数据进行处理和分析，以发现数据背后的规律和趋势。

数据分析模块的主要功能包括以下方面。

（1）数据清洗。去除无效或错误的数据，确保数据的准确性和完整性。

（2）数据挖掘。通过算法挖掘数据中的潜在规律和关系，为企业提供新的洞察。

（3）数据可视化。将数据分析结果以图表、图形等形式呈现，帮助企业更好地理解和分析数据。

（4）预测分析。利用历史数据和算法预测未来的趋势和可能性，为企业提供决策参考。

（六）决策支持模块

决策支持模块是数字化经济管理平台的另一个重要模块，主要为企业提供决策支持和建议。该模块基于数据分析模块提供的数据和分析结果，为企业提供各种形式的决策支持，如报告、仪表盘、预警系统等。

决策支持模块的主要功能包括以下4点。

（1）报告生成。根据数据分析结果生成各种形式的报告，如数据分析报告、业务报告等。

（2）仪表盘。通过图表、图形等形式展示关键指标和趋势，帮助企业实时了解业务状况。

（3）预警系统。根据数据分析结果设置预警阈值，当关键指标超过阈值时，自动发出预警，提醒企业及时采取措施。

（4）智能决策建议。基于数据分析结果，为企业提供智能化的决策建议，帮助企业作出更明智的决策。

数字化经济管理平台是一个综合性强的管理工具，它可以帮助企业全面、高效地管理财务、供应链、生产运营和人力资源管理等方面。通过数字化技术实现数据实时采集、分析和展示，可以帮助企业更好地掌握业务状况，以优化资源配置，从而提高管理效率和竞争力。未来，随着数字化技术的不断发展，数字化经济管理平台将为企业带来更多的机遇和挑战。

四、数字化经济管理平台的功能

随着科技的飞速发展，数字化经济管理平台正逐渐成为企业经济管理的重要工具。它不仅能够帮助企业提高管理效率、降低成本，还能为企业提供更准确、实时的数据支持，使企业决策更加科学、合理。本书将详细介绍数字化经济管理平台的功能，以及其如何助力企业实现经济管理的数字化转型。

(一) 财务核算与报告

数字化经济管理平台为企业提供了强大的财务核算与报告功能。通过该平台，企业可以轻松实现财务数据的收集、整理、分析和报告，大大提高了财务工作的效率和质量。此外，该平台还能提供实时的财务报表，帮助企业实时了解财务状况，为决策提供准确的数据支持。

(二) 预算与成本管理

数字化经济管理平台具有支持预算与成本管理功能。企业可以根据自身业务需求，设定预算目标，并实时监控预算执行情况。该平台能自动生成预算执行报告，帮助企业及时发现并纠正预算偏差，从而降低成本、提高经济效益。

(三) 供应链管理

数字化经济管理平台为企业提供了供应链管理功能。通过该平台，企业可以实现对供应商、物流、库存等供应链各环节的全面管理。该平台能够实时更新供应链数据，为企业提供准确的供应链分析报告，帮助企业优化供应链管理，降低采购成本、提高物流效率。

(四) 风险管理与内部控制

数字化经济管理平台还具备风险管理与内部控制功能。该平台能够实时监控企业财务状况，识别潜在风险，为企业提供风险预警和解决方案。此外，该平台还能协助企业建立完善的内部控制体系，确保企业合规经营，降低企业风险。

(五) 数据分析与决策支持

数字化经济管理平台强大的数据分析功能为企业提供了强大的决策支持。通过该平台，企业可以深入挖掘数据价值、发现业务规律、预测市场趋势，为企业的战略规划和决策提供有力支持。此外，该平台还能为企业提供个性化的数据分析报告，帮助企业了解员工绩效、客户满意度等关键指标，为企业提供科学、合理的决策依据。

(六) 移动办公与远程协作

数字化经济管理平台支持移动办公和远程协作功能。无论员工身处何处，只要有网络连接，就可以随时随地访问平台，进行财务核算、预算审批、供应链管理等操作。这大大提高了工作效率，降低了时间和地域对工作的限制。同时，该平台还能实现企业内部各部门之间的远程协作，提高工作效率和团队协作能力。

数字化经济管理平台是未来经济管理的必然趋势。它通过先进的科技手段，实现了财务核算与报告、预算与成本管理、供应链管理、风险管理与内部控制、数据分析与决策支持以及移动办公与远程协作等功能，为企业提供了高效、便捷、科学的管理方式。这些优势将有助于企业提高管理效率、降低成本，从而增强市场竞争力，实现可持续发展。

五、关键技术

(一) 大数据技术

随着数字化时代的来临，经济管理平台也正在经历一场深度的技术变革。在这个过程中，大数据技术以其强大的数据处理能力和预测分析能力，正在为经济管理平台提供前所未有的技术支持。本书将深入探讨大数据技术在数字化经济管理平台中的重要性。

1. 大数据技术定义与特点

大数据技术是一种通过处理海量数据，提取出有价值信息的技术。大数据技术具有四大特点：数据规模巨大、种类繁多、处理速度快、价值密度低。这种技术的优势在于能够实时分析大量的数据，为经济管理提供全面、准确、深入的信息，有助于企业作出更为精准、科学的决策。

2. 数字化经济管理平台的需求

在数字化经济管理平台中，企业需要实时监控各项经济指标，了解市场动态、预测未来趋势，从而作出正确的决策。这就需要一个高效的数据处理和分析系统，能够处理各种类型的数据，快速生成有价值的信息。而大数据技术恰好能够满足这一需求。

3. 大数据技术在数字化经济管理平台中的应用

(1) 实时数据监控。大数据技术能够实时收集并处理各种类型的数据，包括结构化数据、非结构化数据、实时数据等，为企业提供实时的数据监控和预警。

(2) 数据分析与预测。大数据技术可以通过数据挖掘、机器学习等技术，对收集到的数据进行深入分析，发现隐藏在数据中的规律和趋势，为企业提供决策支持。

(3) 风险管理。大数据技术可以帮助企业识别潜在的风险因素，预测风险发生的可能性，为企业提供风险管理策略。

(4) 决策支持。大数据技术可以通过数据分析，为企业管理层提供科学的决策依据，提高决策的准确性和效率。

4. 大数据技术带来的优势和挑战

大数据技术的应用为数字化经济管理平台带来了诸多优势，如提高决策效率、降低风险、提高市场竞争力等。然而，它也带来了一些挑战，如数据安全、数据处理速度、数据质量等问题。因此，企业需要建立完善的数据管理制度，提高数据处理能力，确保数据的准确性和安全性。

总的来说，大数据技术在数字化经济管理平台中的应用具有重要意义。它不仅可以提高企业的决策效率和市场竞争力，还可以为企业提供更全面、准确、深入的信息，帮助企业实现更好的经济效益和社会效益。未来，随着大数据技术的不断发展和完善，其在经济管理平台中的应用将更加广泛和深入。

（二）人工智能技术

随着科技的飞速发展，人工智能（AI）已经深入各个领域，包括经济管理。数字化经济管理平台，以其强大的技术支撑，尤其是人工智能技术的应用，正在改变传统的经济管理、提升管理效率、优化决策过程。

1. 智能化数据分析

人工智能的一大优势在于其强大的数据处理能力。在数字化经济管理平台中，人工智能可以通过深度学习和模式识别，对大量的经济数据进行自动化分析，从而提供更准确、更及时的决策依据。无论是财务报告、市场分析，还是库存管理，人工智能都能在短时间内处理大量数据，发现隐藏在数据背后的规律和趋势，为经济管理者提供决策与支持。

2. 自动化决策辅助

人工智能的另一个重要应用是自动化决策辅助。通过构建人工智能模型，平台可以根据历史数据和当前市场信息，自动生成各种决策建议。这些建议基于严谨的算法和数据分析，能够有效地减少人为错误、提高决策的准确性和效率。同时，人工智能可以实时监测市场变化，及时调整策略，帮助经济管理者应对各种市场风险。

3. 个性化服务与定制化支持

数字化经济管理平台的人工智能技术还可以提供个性化的服务和定制化的支持。根据不同的管理者、不同的业务需求，平台可以提供定制化的数据分析报告和决策建议。这种个性化、定制化的服务能够满足不同管理者的需求，提高管理效率、降低管理成本。

4. 风险预警与预防

人工智能的预测能力在风险预警和预防方面也发挥了重要作用。通过实时监测市场动态，人工智能可以提前预警可能出现的风险，如市场波动、供应链问题等，帮助经济管理者及时采取措施，防止风险扩大。

数字化经济管理平台的人工智能技术提供了强大的技术支撑，提升了管理效率、优化了决策过程。随着技术的不断进步，我们可以期待人工智能在经济管理中的应用将更加广泛和深入。

（三）云计算技术

随着科技的飞速发展，数字化经济管理平台已成为企业运营的核心工具。在这个过程中，云计算技术作为数字化经济管理平台的技术支撑，发挥着至关重要的作用。云计算技术以其强大的计算能力、数据存储能力和网络通信能力，极大地提高了企业管理的效率和质量。

1. 云计算技术概述

云计算是一种将计算资源和服务通过互联网提供给用户的模式。它提供了大规模、高弹性及低成本的计算能力，使得用户无须购买和管理硬件设备，只需按需付费即可获得所需的计算资源。在经济管理领域，云计算技术提供了强大的数据处理和分析能力，使得企业能够更高效地进行财务分析、预算制定和决策制定。

2. 云计算技术在数字化经济管理平台中的应用

（1）财务数据存储与共享。云计算提供了大规模的存储空间，可以轻松地存储和管理企业的财务数据。同时，通过云端，企业成员可以随时随地访问这些数据，实现了财务数据的共享和协作。

（2）实时数据分析。云计算的强大计算能力使得企业能够实时分析大量的财务数据，及时发现潜在的风险和机遇。这有助于企业作出更明智的决策，提高运营效率。

（3）智能财务决策支持。云计算可以提供智能化的财务决策支持，帮助企业根据实时数据作出最优决策。通过分析历史和实时数据，云计算能够预

测未来的财务状况，为企业提供有效的风险管理工具。

（4）风险管理。通过云计算技术，企业可以实时监控财务风险，并及时采取应对措施。这种能力使得企业能够更好地管理风险，提高自身的稳健性。

随着云计算技术的不断发展，数字化经济管理平台将更加智能化和高效化。未来的数字化经济管理平台将更加依赖于云计算技术，实现更高级别的数据分析和预测，帮助企业给出更明智的决策。同时，云计算技术将推动企业间的协作和共享，实现更高效的资源利用和价值创造。

总的来说，云计算技术是数字化经济管理平台不可或缺的技术支撑。它提供了强大的计算、存储和通信能力，帮助企业实现财务数据的存储与共享、实时数据分析、智能财务决策支持和风险管理。随着云计算技术的不断发展和应用，数字化经济管理平台将迈向更加智能、高效和安全的未来。

（四）信息安全技术

随着数字经济的快速发展，经济管理平台已成为企业、政府和社会组织进行经济活动的重要工具。然而，数字化经济管理平台在带来便利的同时，也面临着信息安全技术的挑战。本书将探讨数字化经济管理平台的技术支撑——信息安全技术的重要性及其应用。

1. 信息安全技术的定义与重要性

信息安全技术是指通过一系列技术手段，保护信息系统和信息内容的安全，防止信息泄露、损坏或篡改。在数字化经济管理平台中，信息安全技术的作用尤为重要。首先，它保障了企业财务数据、市场信息等关键信息的保密性；其次，它提高了平台运行的稳定性，防止了网络攻击和病毒入侵；最后，它增强了用户对平台的信任度，降低了用户流失的风险。

2. 数字化经济管理平台的信息安全技术应用

（1）加密技术。加密技术是信息安全技术的基础，包括对称加密、非对称加密和数字签名等。在数字化经济管理平台中，加密技术被用于保护交易数据、用户信息等敏感数据，防止未经授权的访问和窃取。

（2）防火墙技术。防火墙是数字化经济管理平台的第一道防线，用于隔离内部网络与外部网络，防止恶意攻击和病毒传播。

（3）入侵检测与防御系统。该技术通过分析平台网络流量，检测异常行为和攻击，及时进行阻断，防止系统被恶意入侵。

（4）身份认证与访问控制。身份认证用于确认用户身份，访问控制则根据用户角色和权限，限制其对信息的访问权限，防止越权操作。

（5）数据备份与恢复。定期备份关键数据，以防数据丢失或损坏，同时建立快速恢复机制，确保在意外情况下能迅速恢复正常运行。

3. 数字化经济管理平台信息安全技术的挑战与应对

随着数字化经济管理平台的广泛应用，信息安全技术也面临着新的挑战。首先，网络攻击手段日益复杂，安全防护难度增加；其次，数据泄露风险加大，保护个人信息和隐私的责任更加重大。为应对这些挑战，我们需要加强安全培训，提高员工的安全意识；定期进行安全审计和漏洞扫描，及时发现并修复潜在风险；建立完善的数据保护机制，确保数据的合规性和安全性。

数字化经济管理平台的信息安全技术是保障平台稳定运行、保护关键信息的重要手段。加密技术、防火墙技术、入侵检测与防御系统、身份认证与访问控制以及数据备份与恢复等技术手段的应用，为平台提供了强大的安全保障。然而，随着数字经济的快速发展，信息安全技术也面临着新的挑战。我们需要加强安全培训、定期审计和漏洞扫描，以及建立完善的数据保护机制，以确保数字化经济管理平台的安全运行。

总之，数字化经济管理平台是现代企业不可或缺的一部分，它能够提高企业的管理效率、优化资源配置、提高经济效益等。未来随着数字化技术的不断发展，数字化经济管理平台将会发挥越来越重要的作用。

六、实施数字化经济管理平台的关键步骤

在当今数字经济环境中，数字化经济管理平台已成为企业提升运营效率、优化决策过程、增强竞争优势的关键工具。本书将详细阐述实施数字化经济管理平台的五个关键步骤，以确保项目的成功实施和预期效果的实现。

（一）确定实施范围和预期效果

在实施数字化经济管理平台之初，首先要明确实施范围和预期效果。

这将有助于确保项目目标明确，资源得到合理分配。明确的目标将有助于在实施过程中保持一致的语气和步伐，从而避免项目偏离预定方向。此外，应确保与团队成员、管理层以及合作伙伴明确实施目标，以便在实施过程中得到足够的支持和理解。

（二）对现有系统进行评估

在实施新系统之前，对现有系统的评估至关重要。这有助于了解现有系统的优点和缺点，识别需要改进的地方，并确定新系统的需求。通过这种方式，可以确保新系统满足企业的实际需求，并在最短的时间内产生预期效果。

（三）找出需要整合与升级的模块

在对现有系统进行评估后，找出需要整合与升级的模块。这包括财务模块、供应链管理模块、人力资源模块等。根据企业需求，需要整合多个系统，以确保数据的一致性和准确性。同时，升级模块将提高系统的性能和效率，为企业带来更大的价值。

（四）进行系统测试与上线

系统测试是确保新系统能够正常运行的关键步骤。在测试过程中，应关注系统的各个方面，包括数据输入、数据处理、数据输出等。测试应涵盖各种场景和可能出现的异常情况，以确保新系统的稳定性和可靠性。在测试无误后，可以进行系统的正式上线，从而为企业带来数字化管理的便利。

（五）对数据进行备份和安全保护

实施数字化经济管理平台时，数据的安全性和备份至关重要。企业应制定严格的数据备份策略，定期对数据进行备份，以防止数据丢失或损坏。此外，应采取适当的安全措施，如加密、访问控制等，以确保数据的安全性。这有助于降低数据泄露的风险，以保护企业的商业机密和客户信息。

实施数字化经济管理平台是企业提升经济管理的关键步骤。通过明确实施范围和预期效果、对现有系统进行评估、找出需要整合与升级的模块、进行系统测试与上线以及对数据进行备份和安全保护，企业可以确保数字化经济管理平台的成功实施，并为企业带来更大的价值。

数字化经济管理平台是企业实现高效、精确、实时经济管理的关键工具。它通过提高管理效率、数据驱动决策、提升供应链透明度、客户互动优化等优势，为企业创造价值。为了成功实施数字化经济管理平台，企业需要明确需求、选择合适的技术、实施和培训、整合数据并持续优化。

总的来说，数字化经济管理平台是未来企业管理的必然趋势。通过利用这一创新工具，企业可以提高效率、优化决策、增强透明度并提高客户满意度。这不仅有助于企业的长期发展，而且将推动整个经济社会的进步。

第二节　建立数字化经济管理架构

一、数字经济时代经济管理架构的新特征

随着数字技术的飞速发展，我们正迈入一个全新的经济时代——数字经济时代。在这个时代，信息、数据和知识成为最重要的生产要素，对经济活动的影响日益显著。在这样的背景下，经济管理也面临着新的挑战和机遇。在数字经济时代，经济管理的架构呈现了以下新的特征。

（一）数字化转型：经济管理的基石

数字经济时代，企业必须进行数字化转型，以适应新的经济环境。数字化转型包括技术、组织、业务和战略等方面的变革。企业需要利用大数据、人工智能、云计算等先进技术，提高生产效率、优化资源配置，以增强企业的竞争力。同时，企业需要重新构建组织结构，打造灵活、敏捷、高效的组织体系，以适应快速变化的市场环境。

（二）数据驱动决策：经济管理的新模式

在数字经济时代，数据成为企业决策的重要依据。企业需要利用数据来制定战略、规划业务、优化流程，实现精细化管理和精准决策。企业管理者需要培养数据素养，提高对数据的分析和处理能力，以实现科学决策和管

理。同时，企业需要建立健全的数据管理制度，保护数据安全和隐私，确保数据的准确性和可靠性。

（三）网络化协同：经济管理的新手段

数字经济时代，企业需要借助互联网和物联网等技术手段，实现网络化协同。通过网络化协同，企业可以实现资源共享、信息互通、优势互补，提高生产效率和市场竞争力。企业管理者需要建立开放、包容、协作的企业文化，鼓励员工之间的交流和合作，推动企业内部和外部的协同创新。

（四）可持续发展：经济管理的新目标

在数字经济时代，可持续发展成为经济管理的新目标。企业管理者需要关注环境保护、社会公正和经济效益的平衡发展，实现经济、社会和环境的可持续发展。企业管理者需要建立健全的绿色管理体系，推动企业的绿色生产和绿色消费，提高企业的社会责任感和公信力。

数字经济时代带来了全新的经济环境和挑战，经济管理的架构也面临着新的变革和挑战。数字化转型、数据驱动决策、网络化协同、可持续发展等将成为经济管理的新方向和新手段。企业管理者需要适应新的经济环境，转变思维模式，提高管理能力和水平，以实现企业的可持续发展。

二、建立数字化经济管理架构的路径

随着数字经济的快速发展，企业经济管理理念与模式必须跟上新时代的步伐。在这个新的经济环境中，数字化管理技术科学的应用，对于高效利用资源、提升企业竞争力具有至关重要的作用。本书将探讨如何建立数字化经济管理架构，以适应数字经济时代的发展。

（一）管理理念要跟上数字经济时代的发展步伐

随着数字技术的飞速发展，我们正迈入一个全新的经济时代——数字经济时代。在这个时代，数据成为重要的生产要素，互联网、人工智能、云计算等数字技术广泛应用，商业模式、经济结构、企业运营方式等都发生了深刻变革。在这样的背景下，经济管理理念也面临着前所未有的挑战和机遇。下面将探讨数字经济时代经济管理理念的创新。

1. 从"资源管理"到"数据驱动"

在传统的经济管理中，资源管理是核心。在数字经济时代，数据成为新的关键资源。数据不仅包含了企业的运营信息，也包含了消费者的行为、需求和偏好等重要信息。因此，经济管理需要从传统的资源管理转向数据驱动的管理。这意味着经济管理需要更加注重数据的收集、分析和利用，通过数据指导决策，优化资源配置，提高企业的效率和竞争力。

2. 从"线性管理"到"网络化协同"

在传统的经济管理中，企业通常采用线性管理的方式，即通过层级结构，自上而下地进行管理和控制。在数字经济时代，企业需要更加注重网络化协同。这是因为数字技术使得企业之间的联系更加紧密，企业需要与其他企业、消费者、政府、社会团体等建立广泛的合作关系，形成网络化的经济生态系统。在这样的经济生态系统中，企业不再是孤立的个体，而是相互依存、共同发展的共同体。

3. 从"效率优先"到"可持续发展"

在传统的经济管理中，效率是管理的核心目标。在数字经济时代，可持续性发展成为新的管理理念。数字技术使得企业能够更加快速地获取信息，更加精准地把握市场趋势，从而在竞争中取得优势。但是，这种优势往往是短暂的，因为数字技术的发展速度非常快，企业必须考虑如何在追求短期利益的同时，兼顾长期可持续发展。因此，经济管理需要更加注重社会责任和环保意识，推动企业的可持续发展。

4. 从"经验管理"到"智能决策"

在传统的经济管理中，经验管理是常用的手段。但在数字经济时代，智能决策成为新的趋势。数字技术使得数据收集和处理变得更加容易，也使得机器学习、人工智能等先进技术得到广泛应用。这些技术可以帮助企业分析数据、预测趋势、制定决策，并提高决策的准确性和效率。因此，经济管理需要更加注重智能决策的应用，通过数据和算法来辅助决策，以提高企业的竞争力。

总而言之，数字经济时代带来了全新的经济管理理念和创新机遇。企业需要从数据驱动、网络化协同、可持续发展和智能决策等方面进行创新和

变革，以适应新的经济环境和发展需求。只有这样，企业才能在数字经济时代中立于不败之地。

（二）组织架构要符合数字经济时代经济管理的需求

随着数字经济的快速发展，传统的经济管理组织架构已经无法满足现代企业的需求。为了适应这一变化，我们需要构建一个数字化组织架构，以更好地应对数字经济带来的挑战和机遇。

1. 数字化组织架构的核心要素

（1）数字化技术。数字化组织架构的基础是数字化技术，包括云计算、大数据、人工智能、物联网等。这些技术为经济管理提供了更高效、更准确、更智能化的手段，帮助企业更好地管理和决策。

（2）数字化人才。数字经济时代，人才是关键。企业需要具备数字化技能的人才来构建和管理数字化组织架构。这些人才不仅需要掌握数字技术，还需要具备创新思维和数据分析能力。

（3）敏捷组织。在数字经济时代，企业需要更加灵活、敏捷的组织来应对市场的快速变化。数字化组织架构应该具有高度的适应性和灵活性，能够快速响应市场变化，优化业务流程，提高效率和竞争力。

2. 数字化组织架构的设计原则

（1）以用户为中心。数字化组织架构需要以用户需求为中心，提供更优质、更便捷的服务，提高用户的满意度和忠诚度。

（2）数据驱动决策。数字化组织架构需要充分利用数据，通过数据分析来指导决策，提高决策的准确性和科学性。

（3）灵活创新。数字化组织架构需要具备灵活性和创新性，能够适应市场的快速变化，及时调整策略和组织结构，保持企业的竞争优势。

3. 数字化组织架构的具体构建方法

（1）搭建数字化平台。企业需要搭建一个统一的数字化平台，整合企业内部的各类数据和资源，实现数据共享和协同工作。这个平台可以提供各类数字化工具和功能，帮助企业提高效率和管理水平。

（2）建立数据仓库。企业需要建立数据仓库，存储和管理各类数据，以便进行分析和利用。数据仓库需要具备高安全性、可靠性和易用性等特点，以满足不同部门的需求。

（3）优化业务流程。数字化组织架构需要优化业务流程，实现业务流程的自动化和智能化。通过引入数字化工具和技术，简化流程，以提高效率和质量。

（4）培养数字化人才。企业需要培养一批具备数字化技能的人才，以适应数字化时代的需求。可以通过招聘、培训和内部培养等方式来吸引和留住人才。

数字经济时代，经济管理数字化组织架构的构建是企业管理的重要一环。通过搭建数字化平台、建立数据仓库、优化业务流程和培养数字化人才等措施，企业可以构建一个更加高效、灵活和智能化的数字化组织架构，以应对市场的快速变化和竞争压力。同时，企业需要持续关注数字化技术的发展趋势，不断优化和完善数字化组织架构，以保持企业的竞争优势和市场地位。

（三）管理系统要适应数字经济时代的环境

在数字经济时代，经济管理系统的设计和实施必须能够适应新的经济环境。以下是一些关键要点。

1. 构建数据驱动的管理系统

数据是数字经济的关键驱动力，因此，我们需要构建一个以数据为中心的管理系统。这个系统需要能够收集、分析、存储和管理各种类型的数据，包括财务数据、市场数据、客户数据、供应链数据等。通过这种方式，我们可以更好地理解业务状况，作出更明智的决策，并优化运营效率。

为了实现这一目标，我们需要采用先进的数据分析和机器学习技术，以及大数据存储和处理技术。这些技术的应用可以帮助我们发现隐藏在大量数据中的趋势和模式，为决策提供更有价值的洞察。

2. 构建智能化的决策支持系统

在数字经济中，决策的效率和准确性至关重要。因此，需要构建一个智能化的决策支持系统，以支持管理层作出更明智的决策。这个系统应该能够分析各种数据源，提供实时洞察，并预测未来的趋势。此外，它还应该能够提供多种分析工具和模型，帮助管理层评估各种方案的成本效益，并选择最优的决策路径。

为了实现这一目标，需要采用人工智能和机器学习技术，以及高级的数据分析工具。这些技术的应用可以帮助我们建立更智能的决策支持系统，提高决策的效率和准确性。

在数字经济时代，构建一个适用于数字经济的经济管理架构至关重要。为此，我们需要构建一个数据驱动的管理系统和智能化的决策支持系统。通过采用先进的数据分析和机器学习技术，以及大数据存储和处理技术，可以更好地理解业务状况，作出更明智的决策，并优化运营效率。同时，通过建立更智能的决策支持系统，可以提高决策的效率和准确性，为企业的成功奠定坚实的基础。

(四) 要利用数字化技术重塑经济管理流程

随着数字化技术的飞速发展，越来越多的企业开始尝试利用这些技术来重塑其经济管理流程。本书将探讨数字化技术如何改变传统经济管理模式，以及如何提高企业的经济效率和管理水平。

1. 数字化技术重塑经济管理流程的重要性

数字化技术为经济管理提供了全新的视角和方法，它可以帮助企业更好地掌握市场动态、优化资源配置、提高生产效率、降低成本，从而为企业创造更多的价值。数字化技术不仅可以提高企业的竞争力，还可以帮助企业实现可持续发展。

2. 数字化技术在经济管理中的应用

(1) 数据分析与决策支持

数字化技术为企业提供了强大的数据分析工具，可以帮助企业更好地了解市场需求、竞争对手、供应链等方面的信息。通过数据分析，企业可以制定更加科学、合理的决策，提高决策的准确性和效率。

(2) 供应链管理

数字化技术可以帮助企业实现供应链的智能化管理，提高供应链的透明度和协同性。通过实时数据交换和智能分析，企业可以更好地掌握供应链的动态，优化库存管理，降低成本，提高供应链的效率。

(3) 生产自动化与智能化

数字化技术可以实现生产过程的自动化和智能化，提高生产效率和质量。通过数字化技术，企业可以实现生产线的实时监控和优化，提高生产线的柔性和灵活性，降低生产成本。

3. 数字化技术对经济管理流程的影响

（1）提高了管理效率

数字化技术可以实现信息的快速传递和共享，减少信息不对称和沟通障碍，从而提高管理效率。同时，数字化技术可以实现远程管理和协同办公，降低管理成本。

（2）优化了资源配置

数字化技术可以帮助企业更好地掌握市场需求和资源状况，优化资源配置，提高资源利用效率。通过数字化技术，企业可以实现资源的合理分配和调度，降低资源浪费和无效投入。

（3）促进了创新和变革

数字化技术为企业提供了更加广阔的创新空间和变革动力。通过数字化技术，企业可以更加快速地获取市场信息、掌握新技术和新方法，推动企业不断创新和变革，提高企业的竞争力。

数字化技术正在深刻地改变着经济管理的模式和方法，它为企业管理者提供了全新的视角和方法，可以帮助企业更好地掌握市场动态、优化资源配置、提高生产效率、降低成本，从而为企业创造更多的价值。因此，企业应该积极学习数字化技术，将其应用于经济管理中，以实现可持续发展。

综上所述，在数字经济时代，企业需要建立数字化经济管理架构，以适应时代的发展。通过转变传统管理理念、构建数字化组织架构等措施，企业可以更好地应对数字经济带来的挑战和机遇。同时，企业需要持续关注新技术的发展和应用，以保持自身的竞争力和市场地位。

第三节　引导企业开展数字化转型

随着科技的飞速发展，企业数字化转型已成为一种必然趋势。在这个过程中，数字化经济管理不仅是一种技术工具，更是一种创新性的思维方式，能够推动企业向数字化转型的过程中发挥关键作用。

一、企业数字化转型：开启全新的可能

（一）数字化转型的内涵

数字化转型是建立在数字化转换、数字化升级基础上，进一步触及公司核心业务，以新建一种商业模式为目标的高层次转型。数字化转型是开发数字化技术及支持能力以新建一个富有活力的数字化商业模式。

数字化转型表明，只有企业对其业务进行系统性、彻底的（或重大的和完全的）重新定义——而不仅仅是 IT，更是对组织活动、流程、业务模式和员工能力的方方面面进行重新定义的时候，成功才会得以实现。

企业数字化转型是企业利用数字技术，改变传统运营模式、提高效率、增强竞争优势的过程。这个过程涉及数据收集、分析、决策和执行的全过程。通过数字化转型，企业能够更好地利用大数据，优化业务流程、提高决策效率，从而在激烈的市场竞争中获得优势。

（二）数字化转型的维度

随着科技的飞速发展，数字化转型已成为企业和社会发展的必然趋势。数字化转型不仅是一种技术革新，更是一种思维模式的转变，它涉及企业运营的各个方面，包括战略、组织、文化、流程和人员等。

1. 战略层面

数字化转型的战略意义在于通过数字化手段，提高企业的市场竞争力，实现可持续发展。在数字化时代，企业需要具备快速响应市场变化的能力，以数据驱动决策，提高决策的准确性和效率。此外，数字化转型需要企业关注用户体验，通过数据分析来优化产品和服务，以提升用户满意度。

2. 组织层面

数字化转型要求企业进行组织变革，建立适应数字化时代的新型组织结构。在传统的组织结构中，职能部门和业务部门之间存在信息壁垒，而在数字化转型中，企业需要打破这种壁垒，实现数据和信息的共享。此外，数字化转型需要企业培养跨部门、跨领域的协作能力，以应对复杂多变的市场环境。

3. 文化层面

数字化转型需要企业转变传统的思维模式，培养创新、开放、协作的企业文化。在数字化时代，数据是企业的核心资产，保护数据安全和隐私至关重要。因此，企业需要建立严格的数据管理制度，加强员工的数据安全意识。同时，数字化转型需要企业鼓励员工积极参与创新，激发员工的创造力和潜能。

4. 流程层面

数字化转型需要企业优化业务流程，提高工作效率和准确性。在数字化时代，企业需要将业务流程与数字化技术相结合，实现自动化和智能化。例如，通过大数据分析、人工智能等技术，提高生产效率、降低成本、优化供应链管理。此外，数字化转型需要企业关注业务流程的合规性，确保企业合规经营。

5. 人员层面

数字化转型要求企业培养具备数字化技能的人才队伍。在数字化时代，人才是企业竞争的关键因素之一。企业需要加强对员工的数字化培训，以提高员工的数字素养和技能水平。此外，企业需要关注员工的职业发展，提供多元化的职业发展路径和晋升机会，以吸引和留住优秀人才。

总之，数字化转型是企业和社会发展的必然趋势，它涉及企业运营的各个方面。在数字化转型中，企业需要转变战略、组织、文化、流程和人员等方面，以适应数字化时代的发展需求。只有不断适应变化、不断创新的企业才能在数字化浪潮中立于不败之地。

二、企业数字化转型策略

(一) 技术驱动数字化转型策略

技术转型，是指搭建企业数字化转型所需的数据平台和技术平台。数据平台是确保数据能够发挥资源属性和价值的"血液"，技术平台则是部署数字化场景的"骨骼"，技术层面的构建为数字化转型提供基础支撑。

1.搭建数据平台，激活数据价值

（1）构建数据治理与评估体系

数据治理是企业数字化转型的基础，也是企业核心竞争力的重要体现。打造企业数据核心竞争力，实现全域数据资产的识别与评估，推进数据流通融合，激活数据价值，释放数字红利是企业数字化转型的基础和关键。

①搭建协同高效的数据治理体系与管控机制。数据治理是指包括数据管理、数据质量提升和数据应用，通过一系列的手段、机制及规范，使企业数据能够规范存储，通过数据监控等手段，不断改善数据质量，并最终将数据应用于企业经营决策的过程。数据作为数字化转型过程中企业重要的资源，做好数据治理对于企业开展数字化转型具有重要价值。

数据治理要从数据管理、数据监控、数据应用等全方面开展。搭建数据管理体系，建立从制度流程、组织人员到应用工具等全环节的管理过程，切实把数据作为资源管起来。数据质量提升是数据治理的核心环节，数据质量的高低决定着数字化转型的质量，数据质量提升过程需要相关人员有高度的"主人翁"意识，以高度的责任感，借助数据治理手段和数据治理系统软件，保证数据的准确性、唯一性、完整性。同时要借助各种数据治理手段监控数据情况，确保数据安全和可靠。全面提升数据治理能力，实现数据战略有效落地、数据质量可信、过程管理可控。

②培育一套完整的数据资产评估体系。有效规划和评估企业核心资产，数据资产评估体系既是企业衡量数据资产的重要标准，也是进一步促进数据质量提升的重要手段。打造协同、开放、共享的数据资产生态，促进数据资产的健康流通与使用 ①。

（2）打造智能协同企业 BI 平台

数据应用是数据资产的价值所在，数据应用是数据验证和实现数据资产价值的有效手段，通过数据资产应用可实现提高工作效率、提升经营管理能力和预测未来发展趋势的效果。全面聚合企业零散的数据资源，沉淀一套标准化、高质量数据资产，形成企业数据核心竞争力。企业可以融合自助数据分析工具、人工智能和机器人流程自动化等技术，实现以基于数据与算法的决策替代传统经验决策。

① 孟媛媛.Y 企业数字化转型策略研究 [D]. 长春：吉林大学，2022.

（3）构建自主可控的大数据平台

打造"数据产品流水线"，分析洞察核心业务，挖掘数据应用场景。通过数据赋能全业务，以基于数据与算法的智能决策替代传统经验决策，实现一切业务指标化、业务运营自动化、数据洞察精准化和高层决策智能化，推动数据增值成为企业新增长极。

依托以数据为生产要素的企业数字化平台，融合跨行业生态资源，协同推进供应链要素数据化和数据。要素供应链化，构建良性发展的大数据产业生态，实现研发、生产、销售、服务等各环节业务和产品的重塑，促进消费者体验升级，推动跨行业互联互通、互惠共赢。

2.打造技术平台，支撑企业转型

全面应用云原生技术架构，构建行业领先、敏捷、稳定、自主可控的软件研发数字化平台。

数字经济时代，以"云、网、端"为代表的基础设施能够降低企业内部交易成本。关键在于，云服务所提供的算力和数据技术能够帮助企业提升业务数据处理能力，利用数据云设施是最具成本效益的数字化解决方案。

建设数字技术基础设施。构建区域工业互联网平台，助力企业实现内部互联。加强"云"基础设施建设，支撑企业大数据和决策。夯实工业智能化和数字中台，推进数字化转型工作开展。构建区域工业互联网平台，把工业互联网平台定义为区域性或者行业间共享的基础设施，构建跨区域、跨行业互联网共享平台，使其与企业级数字平台互联互通。

强化数据处理和算力、数据中台架构技术等关键技术支撑，建立企业数据的"工业大脑"。企业通过建设工业大脑，将长期积累的隐性知识显性化、规范化、代码化，并通过重复调用的方式，指导或者替代人力进行决策与执行。基于算力能力的积累和提升，企业可以将各种智能应用场景颗粒度不断细化，探索开发工业 SaaS 或者工业 App。

推进打造企业中台，包括业务中台和数据中台，推动信息系统架构再升级，形成"微前台＋大中台＋强后台"的数字化体系，助力企业业务与数字技术深度融合，实现数据智能应用，持续提升企业价值创造能力。基于数据中台，企业内部各种行为、与外部商业伙伴的交易，都能沉淀在平台上，并依靠数据技术进一步提升企业自身的商业价值。

（二）业务数字化转型策略

业务转型是指聚焦企业问题和发展现状，通过全价值链数字场景的应用，促进企业经营指标的提升。如今，企业针对产品、研发、营销和管理四大领域实施数字化转型，促进实现产品创新、生产智能、营销敏捷、管理快捷的目标。

1. 产品创新数字化

围绕"实时在线、24小时不间断、同步更新"的高效精准研发体系，以用户场景和用户体验为中心，基于系统工程理念，依托数字融合和数字孪生技术，构建知识、资源、产品、人员、数据泛在连接的"零等待"研发数字化创新平台。

围绕协同研发、软件管理、全面仿真、一体化四大领域，快速高效推进数字化平台建设。通过数据、资源、管理在线，实现"零等待"协同研发，推进大数据、AI应用，实现新能源、智能网联车辆健康管理。构建软件全生命周期管理平台，实现基于模型的软件产品敏捷开发、敏捷发布，全面提升用户体验。聚焦自主系统集成，整合全球先进数字技术资源，构建企业自主自动仿真业务生态圈，打造一体化平台服务能力。

数字化转型后，可以利用丰富的数据构建用户画像，将用户的画像数据、机器的运作数据、客户的操作数据有机结合起来，通过数据分析，找到问题出现的原因，从而有针对性地进行研发及指导用户操作，打造出一套全新的研发模式。

2. 生产运营智能化

迭代升级以工业互联网平台为核心、以数字化工厂运营模式为基础的企业智能制造体系，深度运用物联网、数字孪生、工业AI等智能化技术，打造生产"零介入"模式，驱动工艺、采购、物流、制造、质量等业务更弹性、更敏捷、更精准、更智能，缔造极致美妙的孪生产品。

基于企业工业互联网平台，丰富自主可控的App库，利用5G、物联网、数字孪生、工业AI、区块链等技术，实现规模化定制、协同化开发、网络化制造、服务化延伸，以规模化定制销售模式为牵引，通过订单中心、高排中心、需求中心等建设，打造一体化、智能化的产销协同平台。搭建产品、工艺、供应商的共享平台，实现产品与工艺由"交错串行"向"同步锁定"的管理变革。以 SQE、生产材料采购等业务为先导，探索供应链深度协同；以极致的用户感知体验为驱动，打造实时在线、风险预测、智能决策的质量管理平台。将数字化融入制造的每个环节，从根本上提升企业效率，从各个维度梳理供应链上下游，形成完善的企业物料进销存闭环。

3. 营销服务敏捷化

围绕用户全旅程、全场景，深度应用智慧营销概念，以"直达、直接、直播、直创"为导引，实现客户云平台全面智能化升级，持续强化智能营销过程管理，同时实现广告投放透明化、高效化，推动大营销从传统销售管理向以内容创作为核心的智能化研究型体系转型。

基于客户云，构建立体化营销云平台，强化业务与技术深度融合，支撑营销体系敏捷创新。完善全旅程用户触点，构建内通外联用户触点生态体系，实现厂家对用户全旅程、全场景、全时段如影随形。通过建立自动化、智能化 CRM 和基于内外部大数据分析洞察的 CEM 双平台，保证全旅程极致用户体验。业务系统全面 SaaS 化，面向业务人员，构建以价值运营为核心、数据沉淀应用贯穿始终的智慧营销"创新工作台"。建立大营销业务场景下的厚业务中台及大数据时代下的强数据中台，孕育数字化营销新动能。

4. 管理支持快捷化

围绕企业经营的核心流程和管理要素，以角色为中心，巩固 ERP 解耦成果，完成财务、人事、行政、内控风险等业务组件化，提升员工工作效率 50% 以上；广泛应用 RPA、知识图谱等智能化技术，实现工作"零搜索"，提升数字决策能力，支撑体系能力迭代创新。

(三)数字化转型变革策略

数字化转型是数字化技术的实施，是业务模式的转变，但说到底，最根本的是管理的变革、文化的变革。改变传统的观念和工作模式是最具挑战的，转变传统的意识观念，建立组织一致的数字化意识和管理理念，引领组织上下开展数字化转型。推动管理模式、管理决策等优化，提高管理质效。构建敏捷的组织，助力数字化转型举措高效实施。推进企业文化变革，形成数字化转型的内在动力并使之可持续发展。

1. 推动意识观念转变

企业数字化转型大都提及大数据、云计算、区块链、虚拟现实等技术，但这仅仅是技术的应用，而企业真正要做数字化转型，首要的是要转变意识观念。意识观念的转变是最核心的，也是最关键的。数字化转型不是信息化的升级，而是认知的升级，涉及企业经营理念的转变、企业文化转变。

(1) 数字化转型背景下需有的意识观念

以客户为中心的理念，在数字化时代有了新的含义。现在企业直接触达消费者，数字化使消费端决策体系和路径发生了变化。面对前端客户，不再是销售人员本身，而是整个企业。识别出来企业的用户群体，由外向内确定所能带给客户的价值和体验，这是十分重要的。

在数字化转型潮流下，"跟风"和"跟实"的理念完全不同。要想有效落地"世界一流企业"的目标，企业需要深刻洞察到数字化转型背后的逻辑，结合企业自身实际，切实提升企业价值为出发点，才能获得成功。企业数字化转型要"跟实"，目标要聚焦在提高效率、改善客户体验、增强创新能力、智能决策、拓展商业模式等方面。企业要围绕核心业务，要切实在产品质量上发力，要以客户为中心，切实为用户提供所需体验。

数字化转型不仅是数字化部门的事，而且是业务部门的事，是需要体系协同的。数字化转型转的不是技术，而是业务，关键还是看业务是否产生了价值。以业务为出发点开展数字化转型工作，实现业务与技术双轮驱动的结果。同时，如今的数字化转型不是简单的 IT 系统的建立，而是要让系统间的数据流动起来，打通体系间的流程，建立互联互通的企业体系。因此，数字化建设必须与体系建设紧密结合，用数字化手段落实体系建设成果；站在价值链全局角度，统筹考虑横向和纵向的流程协同，避免各自为政。业务流程的数字化是提升运营效率的保障，应用最先进的数据技术，结合算子算法，可以提高流程中各环节的效率，实现智能化控制，去人工化。

企业的核心资源正在发生变化，数据的价值作用明显。企业了解市场将不再凭企业的感觉，而是凭数据。数字化和信息化不同，信息化是指在 IT 基础设施和信息系统建设上用力，旨在服务于企业流程，提升流程效率。而数字化转型需要以数据为核心，以数据开发和数据应用为内容，以数据分析和挖掘为手段，服务于企业的生产经营和管理决策，提高决策的质量和效率。当积累了丰富的数据和模型，通过引入人工智能、机器学习、深度学习等各种算法，在不断培养数据算法精准性的同时，系统能够实现自学习、自优化，逐步具备管理思想，从而成为智能的决策系统、自动调优的决策系统，这时系统能够指导人类采取行动，从而实现智能化管理。

（2）转变员工意识观念的策略

数字化转型是一项布局很大的工程，企业在全员范围内树立数字化转型的意识。实际情况是，企业大多数员工还未树立起数字化转型的意识，普通员工只关心涉及自身利益的一些事情，而对企业战略的关注度比较低。企业需要采取一系列的措施，提高员工对企业数字化转型战略的了解、强化员工对数字化转型工作的认知，需要企业从管理层开始了解宣贯，通过管理层会议、内部会议、内网及内刊等方式宣传，通过内部学习平台组织学习及考试等各种方式，促进员工数字化意识的建立及转变。

①借助企业内部宣传平台，广泛传播数字化变革理念

数字化部门要和宣传部门联合，在企业内部宣传平台宣传企业发展战略、数字化转型技术、数字化转型经验，"战略""技术""实践"三者的有机结合，才能使员工全面了解以及真正认同数字化转型。积极宣传外部数字化转型成功案例，要侧重文化和价值观的传播；鼓励分享企业内部数字化转型成功经验，树立标杆，激发员工的转型热情。

②组织多层次、多方式培训，促进员工意识观念转变

利用内部培训平台，对全体员工进行基础知识和技能培训，这种培训要保持高频率，持续强化员工内部认知；选出骨干员工，参加现场培训或组织脱产培训，培养骨干员工能力，发挥骨干员工在员工群体中的影响作用，进而形成全员参与的良好氛围；针对中层管理者，组织去华为、阿里巴巴等数字化转型标杆企业，现场对标学习。通过多层次、多方式的知识和技能培训，促进数字化变革观念在企业中渗透。

③建立相应的考评机制

数字化部门与人力资源部门合作，制定数字化转型监控和评价机制。各部门需要在组织内部执行数字化转型要求，定期组织考评并应用于绩效，对思想封闭的人要利用考评机制加以引导和鞭策，对积极拥抱数字化转型观念的群体要给予充分肯定并倡导创新改善。

2. 逐步优化组织结构

数字化时代，市场变化极快、各种不确定性因素频生，数字化时代要求企业有更加敏捷的状态，因此改变企业传统官僚式、金字塔形组织结构势在必行。优化传统的组织结构，形成更加灵活的有机体，实现组织沟通顺畅、企业决策高效，从而极大提高企业的管理效率。

（1）优化现有组织机构

企业以职能为中心的组织结构，使得目前的管理层级臃肿、流程复杂、决策效率低下。这些问题仅将线下转到线上，起到的作用是不够的，企业需要从管理层级、决策流程入手，进行优化和改进。一是精简组织结构，通过重新设计业务流程，根据数字化的业务流程调整企业的组织结构，在组织结构调整过程中，尽量简化组织层级，清晰划分权责利，确保机构精简；二是缩短决策层级和管理层级，持续整合营销、生产等部门，实现统一管控，减少管理资源浪费。重组数字化人员和业务人员的数字化项目组，以项目为基础、以客户为中心，提高项目的开展效率。

（2）逐步建立敏捷的组织结构

随着数字化技术的发展，使扁平化的组织越来越展现出独有的优势。组织间传递信息的高效性和准确性，使得企业能够快速对外界变化做出反应，提升企业的运营效率。在数字化时代，数字技术为敏捷组织的建立提供了技术支撑，畅通的数字化沟通平台和信息渠道为信息传递提供了支持，大数据分析和挖掘技术为企业决策提供了手段。

数字化转型的必然性和组织结构的敏捷性必然是相互影响、相互支持的。敏捷组织是一种新型的组织形式，它能够适应外部市场快速的变化并及时做出响应，能够应对外部市场带来的各种不确定性因素。从结构来看，敏捷组织呈现分布式，组织中层级少、模块多，团队按照项目拆解组合；从任务角度来看，敏捷组织以客户为导向，组织直接面对前端，组织中的责任也是端到端的。敏捷组织是一个高度协同的组织，组织以客户为中心，依靠高度的协同配合高效达成客户需求的产品或服务；敏捷组织是一个自学习组织，团队成员具有较强的自我学习和自我提升的能力，能够不断学习以应对各种变化；敏捷组织还是一个自主性组织，组织中的人员不会因为级别的高低而承担对应难易程度的工作，组织中的沟通也不设置级别，组织给予团队成员充分的自主性和决策权力，项目经理仅需关注项目成果。

3. 推动企业文化变革

数字化转型中，数字技术的应用是数字化转型的直观表现，但数字化转型更重要的是全体员工的内在认同和外在行为践行。数字化转型中，即便拥有了最先进的技术、最成熟的平台，但企业文化变革没有跟上，员工的思维和工作实践也不能适应数字化转型发展的需要，企业很有可能因为巨大的行为惯性拉回原来的轨道，使数字化转型难以推进。

企业文化是企业在生产经营实践中逐步形成的，为全体员工所认同并遵守的、带有本组织特点的使命、愿景、宗旨、精神、价值观和经营理念，以及这些理念在生产经营实践、管理制度、员工行为方式与企业对外形象的体现的总和。企业文化是认同模式、能力模式和行为模式的有机结合。

（1）塑造文化认同感

①宣贯企业内部外部环境，激发员工自主认知

面对企业数字化转型，需要全体员工了解数字化转型的背景、必要性和紧迫性，员工需要认识到企业的内外部环境、行业正在发生的变化、企业面临的挑战等，通过必要的方法和手段，让企业全体员工建立企业数字化转型的危机感。要让员工在内部、外部环境的认知中，自觉形成文化的认同感。

②展示文化价值，触发员工思考和理解

文化说起来是一个很虚的东西，即便员工对数字化转型有了一定的认知，但没有切实感受到数字化转型的实在价值，数字化转型也难以推进。企业需要让员工切实感受到数字化转型带来的"协同化""敏捷化"的价值，让员工切实感受到"数据之美"。

例如数字文化，在数字时代的一种重要的企业文化形态。在数字化时代需要了解数据，认识到数据的重要作用，需要形成协同共赢、敏捷求变的企业文化。在数字化转型中，越来越强调数据的重要作用，但有不少人却是将信将疑，究其原因，主要是数据作用及数据之美大多数人都没有看到过，数据的价值和力量还有待"证明"。在数字化转型初期，需要做的就是让全员看到、感受到"数据之美"，只有亲身感悟，才能触发思考和理解。改变员工的行为或思维，企业需要采取大量的说服教育工作。

③完善文化传播手段，强化思想认知

通过召开重要会议，宣贯企业文化，增加文化的仪式感和庄重感；建立企业文化的培训体系，通过培训、考试等手段强化对文化的认知；组织多种形式的文化知识竞赛、辩论等活动，激发员工对文化的思考；通过建立企业文化手册、文化宣传条幅、企业文化践行榜样评选等形式，加强文化的认识，使文化理念深入人心。

（2）培养文化所倡导的能力

员工认同是门槛，相应的能力是支柱。企业要强化文化作用，形成可持续发展的模式，需要培养文化所需的能力。

以前文提到的数据文化为例，企业需要培养员工的数据能力。一般来看，数据能力包括数据分析能力和数据可视化能力。首先要具备基础知识和工具技能，包括数理统计、模型与案例等基本的理论知识和思维导图、数据库、数据挖掘等常规分析工具技能。当然，数字化转型是以业务为牵引的，还需要培养员工对业务的理解能力，只有理解业务背后的逻辑，才能转化成有效的数据分析和目标。

（3）践行文化所倡导的行为

行为的外在表现是文化认同和相关能力建立的自然结果，企业需要不断强化员工对文化的认同以及对文化所需能力的培养，从新入职员工、管理者、决策者等各个层级，从上而下、全面系统渗透。高层管理者起好带头作用，为普通员工做好表率。将企业文化融入流程和制度，明确执行内容及完成标准、监督和管理职责部门，以及相应的奖惩措施等，为文化的践行增加一分温度。

三、企业数字化转型对经济管理的新要求

在当今数字化快速发展的时代，企业数字化转型已成为一种必然趋势。这一转型不仅改变了企业的运营模式，而且对经济管理提出了新的要求。本书将从六方面探讨企业数字化转型对经济管理的新要求。

（一）企业数字化转型需要企业改变经济管理模式

数字化转型要求企业改变传统的经济管理模式，从以人工为主导的管

理方式转变为数字化、智能化的管理模式。具体而言，企业需要建立完善的数字化管理系统，包括数据采集、存储、分析和应用等方面。通过数字化管理系统，企业可以实时掌握经济运行情况，及时发现和解决问题，提高管理效率和管理水平。

(二) 企业数字化转型需要企业提升经济管理效率

数字化转型的核心目标是提高企业的效率和竞争力。在经济管理方面，数字化转型可以通过引入先进的技术和工具，优化业务流程，提高管理效率。例如，通过大数据分析技术，企业可以更准确地预测市场需求，制订更合理的生产计划；通过人工智能技术，企业可以自动化处理大量数据，减少人工干预，提高管理精度和效率。这些技术的应用不仅可以降低企业的成本，还可以提高企业的经济效益和市场竞争力。

(三) 企业数字化转型需要在经济管理过程中注重团队协作

数字化转型需要企业内部的各部门、各岗位之间加强协作和沟通。在数字化时代，信息的传递和共享变得更加方便和高效，这也要求企业员工具备更高的信息素养和协作能力。企业需要加强员工培训，提高员工的数字化素养和团队协作能力，建立有效的沟通和协作机制，促进各部门之间的信息共享和协同工作，从而提高企业的整体效率和竞争力。

(四) 企业数字化转型需要高素质的经济管理人才

随着数字化技术的发展，企业需要具备数字化思维和技能的经济管理人才。这些人才不仅需要掌握传统的经济理论和方法，还需要了解数字化技术如何影响经济活动，以及如何运用数字化工具进行经济分析和决策。此外，他们还需要具备跨学科的知识和技能，如数据科学、人工智能、区块链等，以便更好地应对数字化转型带来的挑战。因此，企业需要加大对经济管理人才的培养力度，提高他们的数字化素养和综合能力，以适应数字化转型的需求。

(五) 企业数字化转型需要企业变革组织结构

企业数字化转型需要企业变革组织结构，以便更好地适应数字化时代的竞争环境。传统的层级式组织结构已经不能满足数字化时代的要求，扁平化、网络化和多元化的组织结构成为趋势。在这样的组织结构中，员工可以更加灵活地协作和交流，从而提高工作效率和创新能力。同时，企业需要建立更加开放和透明的决策机制，以便更好地适应市场变化和客户需求。此外，企业需要加强内部沟通和协作，提高员工之间的信任和合作，以促进组织的稳定和发展。

(六) 企业数字化转型需要高质量的经济管理

企业数字化转型需要高质量的经济管理来支持企业的战略规划和决策。在数字化时代，经济管理需要更加注重数据分析和预测，以便更好地把握市场趋势和客户需求。因此，经济管理需要采用更加科学的方法和技术，如大数据分析、人工智能和区块链等，以提高经济管理的效率和准确性。同时，经济管理需要注重风险管理和合规性，以确保企业的稳定和可持续发展。此外，经济管理需要注重企业文化建设和员工培训，以提高员工的素质和技能水平，从而更好地适应数字化转型的需求。

综上所述，企业数字化转型对经济管理提出了新的要求。为了应对这些新要求，企业需要积极拥抱数字化转型、引进先进的技术和工具、加强内部协作和沟通，以提高企业的整体效率和竞争力。

四、企业数字化转型推动经济管理模式优化

在核心业务领域，数字化转型要以价值为导向、以客户为中心，建立强大的数据中台，企业要充分发挥前端作用，加大前端的管理权力，以激发组织活力。利用更科学的手段开展经营决策，提高决策的效率和科学性。将从企业自身出发的"职能管理"，逐步优化成为用户创造价值的"流程型管理"，通过集中、共享，实现企业利益最大化。

(一) 优化"自上而下"的管理模式

数字化转型是一场涉及范围巨大的组织变革，这需要"一把手"的决心和大力推动，数字化转型涉及数字愿景的设计、管理模式的创新、管理体系的重构，这都属于重大的战略层变革，同时数据平台、智慧工厂建设需要大笔投资，这些工作的完成都需要"一把手"及高层管理团队自上而下地推动。数字化转型需要各种各样的数字技术、需要各个业务牵引推动、需要在实践中完善优化，企业千差万别，数字化转型更是千人千面，这就需要自下而上地发现可能的应用场景，以寻找合适的解决方案，激发组织活力。

(二) 基于数据开展经营决策

过去企业的发展依靠领导的决策、历史的经验，而在数字化时代，传统意义上的管理理念和决策方式正在发生变化，"用数据说话"的价值日益凸显。企业的管理决策需要依靠数据平台，对企业经营、外部客户、合作伙伴等的数据进行有效收集整理、科学分析，对于提高决策的效率和科学性具有重要意义。同时数字化时代，企业面临的不确定性增加，传统的管理模式难以适应飞速的变化和各种不确定性，因此，建立起基于数据的经营决策模式，会强化数字化转型背景下企业的适应能力。

(三) 优化核心资源管理模式

数字化背景下，企业的价值创造模式发生了变化，相应的管理模式也要不断优化，其中核心资源的管理模式优化尤其重要。数字化转型最核心的资源必然是人力资源，数字化环境下企业面临的不确定性增大，提升企业员工应对不确定风险的能力。同时，人机协同越来越多，优化人力资源管理模式，激发组织活力在数字化转型中十分重要。企业组织管理模型，需要从"指令式"管理逐步向"赋能式"管理转变，强调组织的内驱性是数字化转型的重要方面。财务资源作为企业经营的直接体现，在数字化转型中，企业财务要从"核算者"向"引领者"转变，数字化时代客户的各项信息都可以转化为被收集和分析的数据，财务管理模式维度发生了变化，财务会计本身可以去寻求与企业战略、经营发展共生的增值模式，管理对象从企业内部价值

转向用户价值、合作伙伴的价值。

五、数字化经济管理为企业数字化转型提供支持

随着科技的飞速发展，数字化已经深入我们生活的方方面面，包括经济管理的各个方面。数字化经济管理不仅改变了我们处理数据的方式，还为企业提供了新的机会和挑战。它为企业数字化转型提供了强大的支持，使企业能够更好地适应快速变化的市场环境、提高运营效率、降低成本，并增强竞争优势。

(一) 企业数字化转型中的经济管理维度

随着科技的快速发展，数字化转型已经成为许多企业的必然选择。在这场变革中，经济管理策略的重要性不容忽视。它不仅影响着企业的财务状况，还决定着企业在数字化转型中的成败。下面，我们将详细探讨企业数字化转型中的经济管理维度。

1. 财务管理数字化

财务管理是企业运营的重要一环，实现数字化是提高管理效率、降低成本的关键。企业应充分利用大数据、云计算等技术，实现财务数据的实时收集、分析和报告。通过数字化财务管理，企业可以更好地控制成本，提高资金利用率，也能更好地预测市场风险。

2. 人力资源数字化

人力资源是企业宝贵的资源之一，数字化转型能够更好地挖掘和利用这一资源。通过引入人力资源管理系统，企业可以实现员工信息的数字化管理，提高招聘、培训、绩效管理等环节的效率。同时，数字化的人力资源管理能更好地保护员工的权益，提高员工的工作满意度。

3. 供应链管理数字化

供应链管理是企业运营的另一个关键环节，实现数字化能够提高供应链的透明度和效率。通过引入供应链管理系统，企业可以实现供应链信息的实时共享，优化库存管理，降低物流成本。同时，企业还能更好地应对市场变化，提高供应链的抗风险能力。

4. 风险管理与合规管理数字化

在数字化转型的过程中，企业面临的风险和合规压力也在增加。实现风险管理与合规管理的数字化，能够提高管理的效率和准确性。通过引入风险管理平台和合规管理系统，企业可以更好地识别和管理风险，确保企业合规经营。

5. 企业文化与员工培训数字化

企业文化是企业的灵魂，而员工的培训与发展则是企业发展的重要保障。实现企业文化与员工培训的数字化，能够更好地传播企业文化，提高员工培训的效率和质量。通过在线学习平台和绩效评估系统，企业可以更好地激励员工，提高员工的满意度和忠诚度。

总的来说，企业数字化转型中的经济管理策略涉及财务管理、人力资源、供应链管理、风险管理与合规管理以及企业文化与员工培训等方面。这些策略的实施需要企业高层领导的重视和支持，也需要企业各部门之间的协同合作。只有在全面地、系统地实施这些策略的基础上，企业才能顺利地实现数字化转型，并在市场竞争中立于不败之地。

（二）数字化经济管理为企业数字化转型提供支持的路径

1. 数据驱动决策

数字化经济管理的基础是数据。通过收集、分析和利用数据，企业可以更准确地了解市场需求、优化供应链管理、提高生产效率，并预测未来的趋势。这种基于数据的决策方式可以帮助企业作出更明智的决策，从而提高企业的竞争力。

2. 自动化和智能化

数字化经济管理通过自动化和智能化技术，减少了人工干预的需要、提高了工作效率。例如，通过人工智能和机器学习技术，企业可以自动识别和分析数据，发现潜在的问题，并给出解决方案。这不仅提高了工作效率，还降低了错误率。

3. 提高运营效率

数字化经济管理有助于提高企业的运营效率。通过优化流程，企业可以减少浪费、降低成本，并提高产品质量。此外，通过实时监控和反馈系

统，企业可以迅速调整策略，以满足市场需求。

4.增强客户体验

数字化经济管理有助于增强客户体验。通过提供个性化的服务，企业可以更好地满足客户需求，从而提高客户满意度。此外，通过数据分析，企业可以了解客户的行为和偏好，从而提供更符合他们需求的产品和服务。

5.创新和适应力

数字化经济管理鼓励创新和适应力。通过开放的数据和工具，企业可以激发员工的创新精神，发现新的商业机会。同时，数字化经济管理可以帮助企业适应不断变化的市场环境、快速调整战略，以保持竞争优势。

6.整合资源和优化资源配置

数字化经济管理可以实现资源的有效整合和优化资源配置。通过云计算、大数据和物联网等技术，企业可以实现资源的共享和优化利用，降低成本，提高效率。这不仅可以增强企业的竞争力，还可以为社会发展作出贡献。

7.风险管理

数字化经济管理可以帮助企业更好地管理风险。通过实时监控和分析数据，企业可以及时发现潜在的风险，并采取相应的措施来应对。这不仅可以减少风险对企业的影响，还可以提高企业的声誉和信誉。

总的来说，数字化经济管理是企业数字化转型的关键支持。它提供了强大的工具和方法，帮助企业更好地管理数据、优化运营、增强客户体验、创新和适应变化、整合资源，以及管理风险。只有通过实施有效的数字化经济管理策略，企业才能实现真正的数字化转型，从而在日益激烈的市场竞争中保持领先地位。

第四章
数字经济下经济管理手段的创新
——以农村经济管理为例

第一节　农村数字经济的发展现状和重要性

一、农村数字经济的发展现状

(一) 农村数字经济

农村数字经济是整个社会数字经济体系的重要组成部分，主要聚焦于农村地域内的经济活动、农村社会的社会保障与社会治理、农业及相关融合产业发展等。2019年5月，《数字乡村发展战略纲要》首次明确提出农村数字经济，并从数字农业基础、农业数字化转型、农村流通服务体系、乡村新业态四方面对农村数字经济发展提出要求。次年5月，中央网信办等四部门联合印发《2020年数字乡村发展工作要点》，将"农村数字经济快速发展"作为2020年数字乡村发展工作目标。《2022年数字乡村发展工作要点》再次强调要"培育乡村数字经济新业态"。可见，农村数字经济以数字乡村建设为依托，通过为人赋能、为农服务等，已然成为我国乡村振兴建设的"数字引擎"。基于前文对于数字经济的描述，研究将农村数字经济定义为"以涉农数字化信息与知识作为生产要素，以城乡信息化网络为载体，以信息通信技术的使用来促进农业效率提升和乡村经济结构优化的经济活动总和"。

根据上述定义，从投入角度来看，农村数字经济需要数字化信息与知识、信息化网络以及信息通信技术的多维支撑。第一，数字化信息与知识强调数据在农村数字经济发展的生产要素作用。通过对农业生产相关地理、天气、经济等环境因子数据的整合分析与可视化呈现，结合农作物信息的实时

把控，能够推动针对农业生产全过程的科学预测与动态调整、促进农产品产量与质量的综合提升。在这一过程中，数字化信息和知识处于农村数字经济发展的基础层，是同传统基础设施、数字基础设施地位类似的核心底层要素之一。第二，信息化网络突出互联网在农村数字经济发展的赋能协调作用。互联网在农村地区的广泛普及能够通过引入新的生产范式，促进平台经济与流量经济的不断攀升、促进农村数字经济纵深发展；通过拓展农村居民就业岗位，有效提高农村居民收入水平，同时拓宽其消费渠道，抑制城乡消费不平等现象[①]；以互联网金融的持续普及助推普惠金融改革走深走实，激发农村地区多元主体创业热情[②]，推动乡村资源优化配置与产业融合发展。第三，信息通信技术侧重于各类软硬件在农村数字经济发展中的基本载体作用。信息通信技术主要包括计算机、智能手机等通信设备与各类应用软件，汇集电子、互联网、通信、软件等多个区别于传统制造业、服务业的新兴行业。信息通信技术作为一种技术平台或信息载体，摩尔定律的存在使其使用成本持续下降，从而促进信息通信技术在农业经济发展领域对人力等传统资本品的替代，推动传统农业向智慧农业的转变升级。

信息通信技术的深度扩散有赖于基础设施、生产组织、使用者素养的适应性提升，这意味着信息通信技术替代效应的有效发挥需要付出多重"调整成本"，因此信息通信技术的建设与完善还需因地制宜。

从产出角度来看，农村数字经济发展体现为农业效率提升与乡村经济结构优化。这一定义基于农村产业内容可被划分为农业与非农产业两类。农业方面，数字化信息与知识、信息化网络以及信息通信技术的综合使用，能够有效推动农村生产环节的机械化与智能化，突破人工劳作的低效模式，优化农业生产管理决策，降低优质作物资源生长时长，多维提升农业生产效率；农村电商的普及与发展能够有力破除农产品需求端与消费端的信息壁垒，降低消费市场与农业生产的对接难度[③]，推动农产品流通可监控、可调整、可追溯，有效提升农业经营效率。非农产业方面，农村数字经济强调农村地区第一产业、第二产业、第三产业融合发展，从延伸农业产业链、拓展

① 洪铮，章成.数字经济时代的互联网发展与消费不平等 [J].当代经济管理，2022，44（10）：71-79.
② 辜胜阻，李睿.以互联网创业引领新型城镇化 [J].中国软科学，2016（1）：6-16.
③ 钟真，刘育权.数据生产要素何以赋能农业现代化 [J].教学与研究，2021（12）：53-67.

农业非生产功能，到发展新产业，在这一过程中，充分发挥数字技术的赋能作用，促进乡村经济结构科学优化，实现乡村产业联动的规模经济效应。

(二) 农村数字经济的发展阶段分析

2019 年以前，我国政策文件虽未直接使用"农村数字经济"一词，但在农业现代化、"互联网＋农业"等相关政策文件中已明确提及"用现代科学技术和现代工业来装备农业"，可视为农村数字经济的发展雏形。2012 年，党的十八大在原来新型工业化、城镇化和农业现代化的"三化协调"战略基础上，添加了信息化的内容，进一步提出了促进工业化、信息化、城镇化、农业现代化同步发展的"四化同步"发展战略[①]。农业信息化意味着将现代信息技术应用于农业生产的各个阶段，信息化所带来的技术进步蕴含着庞大的能量，农业现代化的升级转型可以深刻改变农民的生活方式，进而使整个农村的面貌焕然一新。

信息化为乡村建设注入了数字基因，为乡村未来的发展带来无限的机遇与挑战，也为我国农业现代化理论赋予了全新的时代内涵。农村数字经济发展由此进入萌芽阶段。随着"互联网＋"的浪潮席卷全球以及我国互联网相关基础设施的日趋完善，互联网与各领域的融合发展呈现广阔前景与巨大潜力，推进各行业向"互联网＋"的发展模式转变成为政府的工作重点。让农业主动拥抱互联网技术，对适应和引领经济发展新常态、全面建成小康社会具有重要意义。此时农村数字经济虽然没有被直接提出，但国家已经深刻意识到以新一代信息技术为代表的数字经济对农业农村现代化发展的重要性。

2019 年 5 月，《数字乡村发展战略纲要》首次提出"农村数字经济"。农村数字经济依托于数字乡村建设引起了党中央的高度重视，农村数字经济发展由此迈入初级阶段。次年 7 月，中央网信办等七部门联合印发《关于开展国家数字乡村试点工作的通知》，再次提出完善乡村新一代信息基础设施，探索乡村数字经济新业态等七大试点内容。《2022 年数字乡村发展工作要点》也强调要"培育乡村数字经济新业态"。近年来，农村数字经济相关

---

① 曹俊杰 . 新中国成立 70 年农业现代化理论政策和实践的演变 [J]. 中州学刊，2019 (7)：38-45.

政策的密集出台明确指出了我国农村经济未来的发展方向，政策体系与顶层设计的不断推进与完善既与我国农业农村优先发展的总方针相一致，又关系到全面建成小康社会后乡村经济的可持续发展。根据《数字乡村发展战略纲要》针对我国数字乡村建设拟定的 2025 年、2035 年和 21 世纪中叶的战略目标规划内容，同时考虑到数字乡村建设是农村数字经济发展的重要依托与实践映射。研究认为，自 2025 年至 2035 年，随着城乡"数字鸿沟"的不断缩小，农业农村现代化的基本实现，我国农村数字经济发展进入一个中级阶段；从 2035 年到 21 世纪中叶，数字乡村的全面建成，乃至社会主义现代化强国的全面建成，则标志着农村数字经济发展逐渐进入高级阶段。

综上所述，研究将农村数字经济的发展分为萌芽阶段、初级阶段、中级阶段与高级阶段 4 个阶段（表 4-1）。

表 4-1　农村数字经济的发展阶段

萌芽阶段	初级阶段	中级阶段	高级阶段
农业信息化 "互联网 +"现代农业	数字乡村初步建设 "数字鸿沟"明显缩小	数字乡村建设取得长足进展 农业农村现代化基本实现	全面建成数字乡村 农村数字经济迈向繁荣成熟期

从农村数字经济不同发展阶段的背后反映出的是我国数字环境的深刻变迁与数字经济的政策演进。从农业信息化到"互联网 + 农业"，从"四化同步"到数字乡村，政府始终将"三农"问题的解决与数字前沿技术牢牢结合。国家政策文件于 2017 年起对数字经济、工业互联网以及相关领域进行了一系列部署，在产业数字化、数字基础设施建设、人力与资金投入等方面提出了相应的政策要求，在推动数字经济规模增长的同时，也是为农村数字乡村发展搭建政策基础。发展农村数字经济是乡村振兴在数字时代的回应，也是数字经济发展背景下乡村建设的应然方向。

二、农村数字经济的重要性

随着科技的快速发展，数字经济已经成为全球经济增长的重要驱动力。在农村地区，数字经济同样发挥着重要的作用，为农村经济发展、农民增收、农村信息化建设等方面提供了新的机遇和挑战。

(一) 农村数字经济为农村经济提供了新的增长点

随着互联网的普及和数字技术的广泛应用，农村地区的商品和服务交易可以通过网络平台进行，降低了交易成本、提高了交易效率。同时，数字经济的发展也带动了农村电商、物流、金融等新兴产业的发展，为农村经济发展注入了新的活力。

(二) 农村数字经济有助于提高农民的生产力和生活质量

数字技术可以提供精准农业、智能农业等新型农业模式，提高农业生产效率和质量。同时，数字技术可以为农民提供市场信息、农业科技、农产品销售等方面的支持，帮助农民更好地适应市场变化，提高收入水平。

(三) 农村数字经济有助于推动农村信息化建设

数字经济的发展需要基础设施的支撑，包括网络设施、数据中心、云计算等。这些基础设施的建设不仅可以提高农村地区的信息化水平，还为数字经济的发展提供了基础保障。同时，数字经济的发展需要数字人才的支持，这些人才的培养和引进可以为农村信息建设提供人才保障。

(四) 农村数字经济有助于促进城乡融合发展

数字经济的发展可以打破城乡之间的信息壁垒和资源壁垒，促进城乡之间的信息交流和资源共享。同时，数字经济的发展可以带动城市资金、技术、人才等资源向农村地区流动，促进城乡融合发展。

总而言之，农村数字经济的重要性不言而喻。在未来的发展中，我们需要进一步推动数字技术在农村地区的普及和应用，提高农民的数字素养和技能水平，为农村经济社会发展注入新的动力。同时，我们需要加强数字经济的监管和管理，保障数字经济的健康、可持续发展。

第二节 管理手段创新在农村经济管理中的必要性

农村经济管理是指对农村经济活动中各种资源的配置和利用进行计划、组织、指挥、协调和控制，以达到提高农村经济效果和效益的目的。在农村经济发展中，经济管理手段的创新是非常必要的，特别是在农村经济发展日益受到重视的今天。

农村经济管理手段创新的必要性如下。

一、适应农村经济发展的需要

随着社会经济的快速发展，传统的农村经济管理手段已经无法满足现代农业发展的需求。因此，对经济管理手段进行创新，成为当前农村经济管理的重要任务。

第一，在传统的管理模式中，农民通常被视为被管理者和被服务者，缺乏对农民主体地位和自主性的认识。随着市场经济的发展，这种管理模式已经无法适应现代农业发展的需求。因此，我们需要转变管理理念，将农民作为主体，充分尊重他们的主体地位和自主性，以激发他们的积极性和创造性。

第二，传统的农村经济管理手段过于单一，缺乏多元化的管理手段。随着农村经济的多元化发展，单一的管理手段已经无法满足农村经济管理的需求。因此，我们需要运用现代化的经济管理手段，包括但不限于市场调查、统计分析、风险管理、成本核算等手段，为农村经济的发展提供全方位的管理和服务。

第三，传统的管理制度不够完善，存在诸多漏洞和缺陷。这些漏洞和缺陷往往会给农村经济的发展带来诸多阻碍。因此，我们需要完善管理制度，使其能够更好地服务于农村经济的发展。具体而言，可以从以下4方面入手。

（1）加强内部控制，提高财务管理的效率和质量。

（2）建立健全市场风险防范机制，为农村经济保驾护航。

（3）加强农村基础设施建设的投入和管理。

（4）推动农业技术创新，为农村经济提供新的增长点。

综上所述，经济管理手段的创新是适应农村经济发展的需要，只有通过创新才能推动农村经济持续、健康、稳定地发展。在未来的农村经济管理工作中，我们应加强这方面的研究和实践，以期更好地服务于农村经济和社会的发展。

二、提高农村经济管理的效率

传统的经济管理手段往往存在管理效率低下的问题，无法有效地解决农村经济活动中存在的问题。通过经济管理手段的创新，可以提高农村经济管理的效率，更好地解决农村经济活动中存在的问题。

随着社会经济的快速发展，传统的经济管理手段已经无法满足现代农村经济发展的需求，因此，必须对经济管理手段进行创新，以提高农村经济管理效率。

(一) 创新管理理念

在农村经济管理过程中，管理理念是影响管理效率的重要因素之一。因此，必须对传统的管理理念进行创新，以适应现代农村经济发展的需求。首先，要树立以人为本的管理理念，将农民作为农村经济发展的主体，尊重农民的意愿和需求，充分发挥农民在农村经济发展中的积极性和创造性。其次，要树立市场化的管理理念，将市场作为农村经济发展的导向，根据市场需求调整农村经济结构，提高农村经济管理的效率。

(二) 创新管理方法

传统的农村经济管理方法已经无法满足现代农村经济管理的需求，因此必须对管理方法进行创新。首先，要利用现代信息技术手段，建立农村经济管理信息化平台，实现信息共享和资源整合，提高农村经济管理的效率。其次，要积极推广和应用现代农业技术，提高农业生产效率和质量，促进农村经济结构的调整和优化。最后，要积极探索适合农村经济发展的新模式和新业态，如农村电商、农业旅游等，提高农村经济的附加值和效益。

(三) 完善管理机制

要提高农村经济管理的效率，必须完善管理机制。首先，建立健全农村经济管理法律法规体系，为农村经济管理工作提供法律保障。其次，建立健全农村经济管理组织体系，明确各级管理部门的职责和权限，加强部门之间的协调和配合。最后，建立健全农村经济管理的考核评价体系，对农村经济管理工作进行科学评估和监督，发现问题及时整改。

总之，创新经济管理手段在农村经济管理中的必要性不言而喻。通过创新管理理念、管理方法和管理机制等手段，可以提高农村经济管理的效率，促进农村经济的可持续发展。同时，我们要认识到当前农村经济管理工作中存在的问题和不足之处，积极探索解决问题的有效途径和方法，为农村经济管理工作提供更加科学、规范、高效的支持和保障。

三、促进农村经济的可持续发展

随着经济全球化的不断深入，传统的经济管理手段已经无法满足现代经济发展的需求。在农村经济发展中，传统的经济管理手段存在诸多问题，如管理效率低下、管理手段单一、缺乏科学性等。这些问题不仅影响了农村经济的可持续发展，还阻碍了农村经济的现代化进程。因此，我们需要不断创新经济管理手段，以适应农村经济发展的新形势、新要求。

(一) 建立科学有效的管理机制

在农村经济管理过程中，需要建立科学有效的管理机制，以提高管理效率和管理质量。首先，建立完善的法律法规体系，为农村经济管理提供法律保障。其次，建立健全的监管机制，加强对农村经济的监管和调控，确保农村经济活动的合法性和规范性。最后，建立完善的信息反馈机制，及时了解农村经济状况，为决策提供依据。

(二) 引入现代信息技术手段

随着信息技术的不断发展，我们可以将现代信息技术手段引入农村经济管理过程中。例如，可以利用大数据技术对农村经济数据进行收集、分析和处理，为政策制定和决策提供科学依据。同时，可以利用现代信息技术手段加强对农村经济活动的监管和调控，以提高管理效率和质量。

(三) 鼓励农村经济多元化发展

在农村经济中，传统农业仍占据主导地位。然而，随着经济的发展和人口结构的改变，农村经济的多元化发展已成为必然趋势。因此，我们需要鼓励农村经济多元化发展，如发展旅游业、生态农业、服务业等。通过多元化的农村经济结构，可以提高农村经济抗风险能力，促进农村经济的可持续发展。

四、促进农民增收致富

在农村经济发展中，农民的收入是至关重要的。经济管理手段的创新可以为农民增收致富提供新的途径。具体来说，可以通过以下途径实现。

(一) 完善农村土地制度

土地是农民最重要的生产资料之一。完善农村土地制度可以保障农民的土地权益，提高土地利用效率；同时，可以通过土地流转等方式，将土地资源向优势产业集中，提高农业生产效率和质量，从而增加农民收入。

(二) 优化农业产业结构

优化农业产业结构可以提高农业生产的效益和质量，从而增加农民收入。例如，可以通过发展特色农业、生态农业、绿色农业等方式，提高农产品附加值和市场竞争力，从而增加农民收入。

(三) 加强农民技能培训

农民技能水平的高低直接影响到其收入水平。加强农民技能培训可以提高农民的就业能力和市场竞争力，从而增加农民收入。同时，可以通过提供就业信息等方式，帮助农民找到合适的工作岗位，增加收入来源。

总之，经济管理手段的创新在农村经济发展中具有重要意义。通过建立科学有效的管理机制、引入现代信息技术手段、鼓励农村经济多元化发展

等措施，可以促进农村经济的可持续发展和农民增收致富。因此，我们应该积极探索和创新经济管理手段，为农村经济提供更好的支持和保障。

第三节　数字经济下创新管理手段的策略和方法

一、数字经济下农村创新管理手段应遵循的原则

在数字经济背景下，农村经济管理手段的创新是一项复杂而重要的任务。为了确保农村经济的可持续发展，我们应遵循以下 5 个原则。

(一) 适应性原则

在数字经济时代，农村经济管理手段必须适应不断变化的市场环境和农村经济结构。这意味着我们需要密切关注市场动态，了解消费者的需求和偏好，以便及时调整管理策略。此外，我们应关注新技术的发展，如大数据、人工智能等，以便更好地利用这些技术来提高管理效率。

(二) 创新性原则

在数字经济时代，创新是推动经济发展的关键因素。因此，农村经济管理手段的创新应注重创新思维的培养和运用。这包括引入新的管理理念和方法，如数字化管理、智能化管理等，以提高管理效率和质量。同时，我们应鼓励农村企业家尝试新的商业模式和经营策略，以推动农村经济持续发展。

(三) 公平性原则

在数字经济时代，公平性是农村经济管理的重要原则。这意味着我们需要确保农村经济活动公平竞争，避免出现垄断现象。此外，我们应关注农村弱势群体的利益，为他们提供适当的经济支持和政策保障，以促进农村经济公平发展。

(四) 可持续发展原则

在数字经济时代，可持续发展是农村经济发展的重要目标。这意味着

我们需要关注农村环境保护、资源利用等问题，采取可持续的经济发展模式。同时，我们应注重人才培养和技能培训，以提高农村劳动力的素质和技能水平，为农村经济可持续发展提供人才保障。

(五) 协调性原则

在数字经济时代，农村经济管理的协调性原则是指我们需要协调农村经济与城市经济、农业经济与工业经济、国内经济与国际贸易之间的关系。这需要我们制定合理的政策措施，以促进农村经济与其他经济之间的协调发展。

总之，在数字经济背景下，农村经济管理手段的创新应遵循适应性、创新性、公平性、可持续发展和协调性等原则。这些原则将有助于推动农村经济的可持续发展，提高农村经济的竞争力和效益。

二、基于数字经济创新经济管理手段的策略和方法

随着数字经济的快速发展，农村经济管理也面临着新的挑战和机遇。在这样的背景下，创新农村经济管理手段，提高农村经济的效率和效益，显得尤为重要。本书将探讨在数字经济下创新农村经济管理手段的策略和方法。

(一) 增强数字意识，把握数字经济的机遇

在数字经济时代，农村经济管理需要积极拥抱创新，把握数字经济的机遇。首先，我们需要增强数字意识，认识到数字技术对于农村经济的重要性。数字技术不仅能提高农村的生产效率，而且能提升农村经济管理的水平。为此，我们需要定期进行数字经济的培训和教育，提高农村干部和群众的数字素养，让他们了解并掌握基本的数字技能。

其次，我们需要加强对数字经济的理解和认识，了解其发展趋势和潜在机会。例如，可以通过大数据、云计算、人工智能等先进技术，对农村经济进行更精准的预测和规划，提高农村经济的预见性和适应性。

(二) 建立数字化管理系统，提高管理效率

在数字经济下，数字化管理系统是创新农村经济管理手段的重要工具。

通过建立数字化管理系统，可以实现农村经济管理数据的收集、整理、分析和共享，提高管理效率。具体来说，可以建立农村土地资源管理系统、农业补贴申请审核系统、农产品销售系统等，使农村经济管理更加规范化和系统化。同时，可以通过数据分析，及时发现经济管理中存在的问题，提出解决方案，提高管理效果。

首先，我们需要建立一个完善的数字化管理系统，包括财务管理、生产管理、市场分析、资源分配等方面。这个系统应该具有高度的自动化和智能化功能，能够实时收集和分析数据，为农村经济管理提供准确的信息。

其次，我们需要建立一个信息共享平台，实现农村内部的信息化和网络化。这个平台可以通过手机 App、网页版等多元化的形式出现，方便村民和企业进行数据共享和信息交流，从而形成一个高效、有序的农村经济体系。

最后，我们需要建立一套科学的考核机制，对数字化管理系统的效果进行评估和反馈。通过对系统运行数据的分析，我们可以找出系统存在的问题和不足，进而优化系统设计，提高管理效率。

总的来说，数字经济下创新农村经济管理手段的策略和方法需要从增强数字意识、建立数字化管理系统两方面入手。只有不断提高农村干部和群众的数字素养，建立完善的数字化管理系统，才能提高农村经济管理效率、推动农村经济的高质量发展。

(三) 推广电子商务，促进农村经济多元化发展

电子商务作为一种新型的商业模式，具有降低交易成本、提高交易效率、拓宽销售渠道等优点，对农村经济而言，推广电子商务具有重要的意义。首先，电子商务可以拓宽农村产品的销售渠道，增加农民收入。其次，电子商务可以帮助农村企业提高品牌知名度，增强市场竞争力。最后，电子商务可以促进农村经济结构的优化，推动农村经济向多元化发展。

具体而言，我们可以采取以下措施。

（1）建立农村电子商务平台。整合各类农村经济资源，提供产品展示、交易、物流、信息咨询等服务，为农村经济发展提供全方位的支持。

（2）培养电子商务人才。通过培训、引进等方式，提高农村居民的电子商务技能，为农村电子商务的发展提供人才保障。

（3）加强农产品品牌建设。通过品牌推广，提高农产品的知名度和美誉度，增强市场竞争力。

（四）加强政策支持，营造良好的农村经济环境

在数字经济下，创新农村经济管理手段需要政策支持。政府可以通过制定相关政策，为农村经济提供良好的发展环境。首先，政府应加大对农村经济的投入，包括资金、技术、人才等方面的支持。其次，政府应制定有利于农村经济发展的政策，如税收优惠、财政补贴等，降低农村企业的经营成本。最后，政府应加强农村基础设施建设，提高农村信息化水平，为农村经济提供更好的发展环境。

具体而言，我们可以采取以下措施。

（1）优化财政补贴政策。根据农村经济的特点和需求，制定有针对性的财政补贴政策，如对农产品深加工、电子商务等给予补贴。

（2）加大农村基础设施建设。投资建设农村道路、通信、网络等基础设施，提高农村信息化水平，为农村经济提供更好的发展环境。

（3）加强金融支持。引导金融机构加大对农村经济的支持力度，提供更加灵活的贷款政策和服务方式，为农村经济提供资金保障。

总之，在数字经济背景下，创新农村经济管理手段需要从推广电子商务和加强政策支持两方面入手。通过建立农村电子商务平台、培养电子商务人才、加强农产品品牌建设等措施，促进农村经济多元化发展；通过优化财政补贴政策、加大农村基础设施建设、加强金融支持等措施，营造良好的农村经济环境。只有这样，才能更好地推动农村经济持续健康发展。

（五）培养经济管理人才，提高管理素质

在数字经济下，创新农村经济管理手段需要具备一定经济管理知识和技能的复合型人才。因此，要培养一批具备专业知识和技能的农村经济管理人员，以提高管理素质和管理水平。

在数字经济下，经济管理人才的培养是创新农村经济管理手段的关键。首先，要加强对现有经济管理人员的培训，提高经济管理人才的专业素质和管理能力。培训内容应包括数字经济的基本概念、发展趋势、政策法规等，

使他们能够更好地理解和应对数字经济的发展。其次，要积极引进具有数字经济背景的专业人才，为农村经济管理注入新的活力。这些人才通常具有丰富的数字技术和市场经验，能够为农村经济发展提供更有针对性的指导。

除了培训和引进人才，还需要建立一套科学的激励机制，鼓励经济管理人才不断提升自身素质和管理能力。这包括物质激励（如薪酬、福利等）和精神激励（如荣誉、晋升等），使他们有动力积极参与学习和工作，为农村经济的发展贡献力量。

（六）实现农业数字化转型

农业数字化是数字经济发展的另一重要领域。通过引入数字技术，如物联网、无人机、智能农业装备等，我们可以提高农业生产的效率和质量。同时，农业数字化可以帮助我们更好地监测和管理农业生产过程，提高农产品的安全性和品质。

农业数字化转型是数字经济下创新农村经济管理手段的另一个重要方面。数字化技术可以提高农业生产效率、降低成本、提高农民收入，从而为农村经济注入新的活力。具体来说，可以通过以下方法实现农业数字化转型。

（1）引入现代信息技术。如物联网、大数据、人工智能等，实现对农业生产、流通、销售等环节的数字化管理。这不仅可以提高管理效率，还可以为农民提供更加准确的市场信息和生产建议。

（2）建设数字化平台。通过搭建农业电子商务平台、农产品溯源系统等，实现农产品与市场的有效对接，提高农产品的知名度和竞争力。

（3）推广数字农业技术。如智能灌溉、精准施肥、无人机植保等，有助于提高农业生产效率、降低生产成本、实现可持续发展。

实现农业数字化转型的过程中，需要政府、企业、农民等各方面的共同努力。政府应加大对农村数字基础设施建设的投入，为企业和农民提供数字化转型的优惠政策；企业应积极探索数字农业发展模式，为农民提供技术支持和资金支持；农民则应积极学习数字技术，转变传统生产观念，适应数字化发展趋势。

综上所述，培养经济管理人才和提高农业数字化转型是数字经济下创新农村经济管理手段的两个重要策略和方法。通过这些措施的实施，可以提高农村经济管理水平，促进农村经济可持续发展。同时，需要建立科学的激励机制，吸引和留住优秀人才，为农村经济注入新的活力。

(七) 加强农村金融创新

在数字经济下，农村金融需要不断创新以适应新的经济环境。

1. 推广数字金融产品

数字金融产品具有便捷、高效、普惠的特点，能够更好地满足农村经济发展的需求。因此，我们需要推广数字金融产品，如移动支付、互联网银行、在线保险等，提高农村金融服务的覆盖率和便利性。

2. 推动农村产业融合发展

数字技术可以促进农村第一产业、第二产业、第三产业的融合发展，实现产业链的延伸和价值的提升。我们需要借助数字技术，推动农村产业融合发展、提高农村经济的附加值和竞争力。

3. 加强农村信用体系建设

数字技术可以提供更加全面、准确的信用评估体系，为农村经济发展提供更加可靠的保障。我们需要加强农村信用体系建设，提高农村经济的信用水平、降低融资成本，以促进农村经济的发展。

除此之外，我们可以探索新的金融产品和服务模式，如数字支付、数字银行、农业保险等，以满足农民的多样化需求。同时，我们需要加强对农村金融风险的防范和控制，保障农民的利益。

(八) 加强政策引导和支持

为了推动农村经济管理的数字化转型，政府需要加强政策引导和支持。这包括制定相关的政策法规，鼓励和支持企业参与农村经济的数字化转型；提供财政支持，如对农村电商服务中心、农业数字化项目等提供资金支持；加强人才培养，提高农村经济管理人员和技术人员的数字素养和能力。

(九) 引入人工智能技术

人工智能技术作为一种先进的计算机技术，具有强大的数据处理和分析能力，能够帮助我们更好地管理农村经济。具体来说，我们可以从以下方

面引入人工智能技术。

（1）智能化数据分析。利用人工智能技术对农村经济数据进行实时分析，及时发现经济运行中的问题，为决策者提供数据支持。

（2）智能预测。通过人工智能技术对农村经济数据进行预测，提前预警可能出现的经济风险，为决策者提供风险防范措施。

（3）智能决策支持。利用人工智能技术对农村经济数据进行深度挖掘，为决策者提供科学、准确的决策依据，提高决策效率。

引入人工智能技术，不仅可以提高农村经济管理的效率和质量，还可以降低管理成本、提高农村经济运行的稳定性。同时，人工智能技术的应用需要结合农村实际情况，避免盲目跟风和过度依赖。

（十）建立数字化服务平台

数字化服务平台是数字经济下创新农村经济管理的重要手段之一。通过数字化服务平台，我们可以实现以下功能。

（1）资源整合。将农村经济中的各类资源（如土地、劳动力、资金等）进行整合，实现资源的优化配置。

（2）信息共享。搭建农村经济信息共享平台，促进各类信息的交流和传递，提高农村经济运行的透明度和效率。

（3）金融服务。利用数字化服务平台提供金融服务，如在线贷款、保险等，为农村经济提供更加便捷、高效的金融服务。

数字化服务平台的建设需要注重数据安全和隐私保护，确保数据的安全性和可靠性。同时，数字化服务平台的建设需要注重用户体验，从而提高平台的易用性和友好性。

总之，在数字经济下创新农村经济管理手段需要增强数字意识、建立数字化管理系统、推广电子商务、加强政策支持、培养经济管理人才等多方面的策略和方法。只有通过这些措施的综合运用，才能实现农村经济的高效管理和可持续发展。

结语

在数字经济的浪潮中，经济管理措施的制定和实施对于保障经济秩序、推动经济发展具有至关重要的意义。通过分析现有的经济管理措施，我们可以更好地理解数字经济的特征和规律，从而制定出更加有效的管理策略。

面对数字经济带来的挑战，我们需要积极应对，创新经济管理措施，以适应和促进数字经济的发展。首先，我们需要加强数字经济的监管，确保市场公平竞争，防止不正当竞争和垄断行为。其次，我们需要完善数字经济的法律法规，为数字经济提供稳定、公正、透明的法律环境。最后，我们需要加强人才培养，提高数字经济从业者的素质和能力，为数字经济的发展提供人才保障。

未来，随着数字经济的不断发展，经济管理措施也需要不断调整和完善。我们需要积极探索新的管理手段和方法，如大数据分析、人工智能等先进技术，以提高管理效率和质量。同时，我们需要关注数字经济对传统经济管理的挑战和影响，加强国际合作，共同应对数字经济带来的全球性问题。

总的来说，数字经济下的经济管理措施需要不断创新和完善，以适应和促进数字经济的发展。只有通过深入分析和积极应对，我们才能更好地应对数字经济带来的机遇和挑战，推动经济管理的创新和发展。让我们共同努力，为数字经济的发展创造一个更加公正、透明、有序的环境。

参考文献

[1] 林剑波，何金，朱崇飞．平台引领，数字经济澎湃新动能 [N]. 福建日报，2024-04-01(001)．

[2] 许愿，仇惠栋．乘"数"而行，加速推进数字经济创新发展 [N]. 新华日报，2024-04-01(009)．

[3] 王善高．数字经济与农业高质量发展：影响效应与作用路径 [J]. 统计与决策，2024，40(6)：21-26.

[4] 徐野，田聪，刘满凤，等．数据要素对经济增长的影响效应研究 [J]. 统计与决策，2024，40(6)：121-125.

[5] 宁殿霞，位涛涛．数字经济时代平台企业数据垄断的法律挑战与规制进路 [J]. 西北工业大学学报 (社会科学版)，2024(4)：1-8.

[6] 李兴锋，王斌，王力．数字经济对共同富裕的影响效应与机制检验 [J]. 统计与决策，2024，40(6)：16-20.

[7] 梁昊光，秦清华．"数字丝绸之路"建设与共建国家价值链优化 [J]. 统计与决策，2024，40(6)：126-131.

[8] 王涛，钱丽，张薇，等．全力以赴推进数字经济高质量发展 [N]. 贵阳日报，2024-03-29(001)．

[9] 蔡莉妍．数字经济时代数据安全风险防范体系之构建与优化 [J]. 大连理工大学学报 (社会科学版)，2024(3)：1-8.

[10] 孙久文，张翱．数字经济与实体经济深度融合：联动机制与政策优化 [J]. 长沙理工大学学报 (社会科学版)，2024，39(2)：42-50.

[11] 文丰安，李娜．数字赋能农村经济高质量发展的实现路径 [J]. 重庆理工大学学报 (社会科学)，2024(4)：1-12.

[12] 杨小花．"双循环"新发展格局、数字经济与制造业高质量发展 [J]. 技术经济与管理研究，2024(3)：32-39.

[13] 袁航．"三个关键"推动数字经济实现新突破 [N].贵州日报，2024-03-25(001)．

[14] 刘芳．数字经济赋能产业结构升级的实现路径 [J].商场现代化，2024(6)：134-136.

[15] 闫春，丁一，刘新红．数字经济空间关联及其与实体经济发展的交互影响 [J].中国流通经济，2024，384(4)：13-25.

[16] 黄震．区块链数字经济急需加强风险管理 [J].金融经济，2018(13)：42-43.

[17] 耿鸿鹏．数字经济时代数智企业经营决策方法研究 [J].中国集体经济，2024(6)：101-104.

[18] 张海利．数字经济时代企业经济管理模式的规范化建设路径 [J].中国中小企业，2024(2)：210-212.

[19] 孙芸菀．数字经济环境下企业财务风险防控策略研究 [J].现代营销（上旬刊)，2024(2)：64-66.

[20] 孙晓娟，刘家蒙，刘梦佳．风险投资、创新价值链与经济融合发展：基于实体经济与数字经济融合视角 [J].长春金融高等专科学校学报，2024(1)：38-48.

[21] 郑少波．数字经济时代企业经济管理模式的规范化建设路径探析 [J].企业改革与管理，2024(1)：45-47.

[22] 卢颖萍．数字经济时代商贸流通企业风险管理策略研究 [J].中国管理信息化，2024，27(2)：56-58.

[23] 唐晓彬，何桂烨，耿蕴洁．数字经济风险现象、形成机制研究综述 [J].调研世界，2024(1)：89-96.

[24] 周全，白俊，韩俊华．数字金融系统性风险与经济政策不确定性关系的统计检验 [J].统计与决策，2024，40(1)：158-162.

[25] 李远兴．数字经济时代企业经济管理创新策略探索 [J].全国流通经济，2023(24)：55-58.

[26] 何建．数字经济时代，企业经济管理模式更待规范化 [J].云端，2023(39)：138-140.

[27] 王雨丹．数字经济背景下企业管理模式优化策略 [J].财富时代，

2023(9)：73-75.

[28] 徐梅馨.数字经济时代企业经济管理模式的特点内容与规范化[J].现代企业，2023(9)：13-15.

[29] 冯倩.数字经济时代企业风险管理研究[J].商场现代化，2023(16)：102-104.

[30] 韦文英.数字经济时代背景下企业经济管理模式的规范化策略探究[J].商场现代化，2023(12)：88-90.

[31] 骆轩州.数字经济背景下企业管理模式优化策略[J].上海商业，2023(5)：149-151.

[32] 陆诗雨.我国数字经济发展的路径研究[D].沈阳：中共辽宁省委党校，2023.

[33] 程越，王双，高昂，等.我国资产管理数字化标准体系初探[J].标准科学，2022(12)：77-80.

[34] 孙宇彤.数字经济时代背景下企业经济管理模式分析[J].大众投资指南，2022(13)：97-99.

[35] 何苗，樊子立，张如.数字经济下企业风险的性质转变与管理策略[J].财会月刊，2021(15)：117-123.

[36] 陈伟.数字经济时代的数字风险管理[J].中国内部审计，2021(1)：14-16.

[37] 姜奇平.数字经济管理中的自主决策[J].互联网周刊，2020(20)：70-71.

[38] 牛消夏.对数字经济视角下供应链金融的思考[J].科技经济市场，2020(10)：64-65.

[39] 周菊玲.浅谈乡镇农经管理与数字经济的融合发展[J].南方农业，2019，13(32)：89-90.